L^{8}K 223

COLONISATION

DE

L'EX-RÉGENCE D'ALGER.

IMPRIMERIE DE E. DUVERGER,
RUE DE VERNEUIL, N. 4.

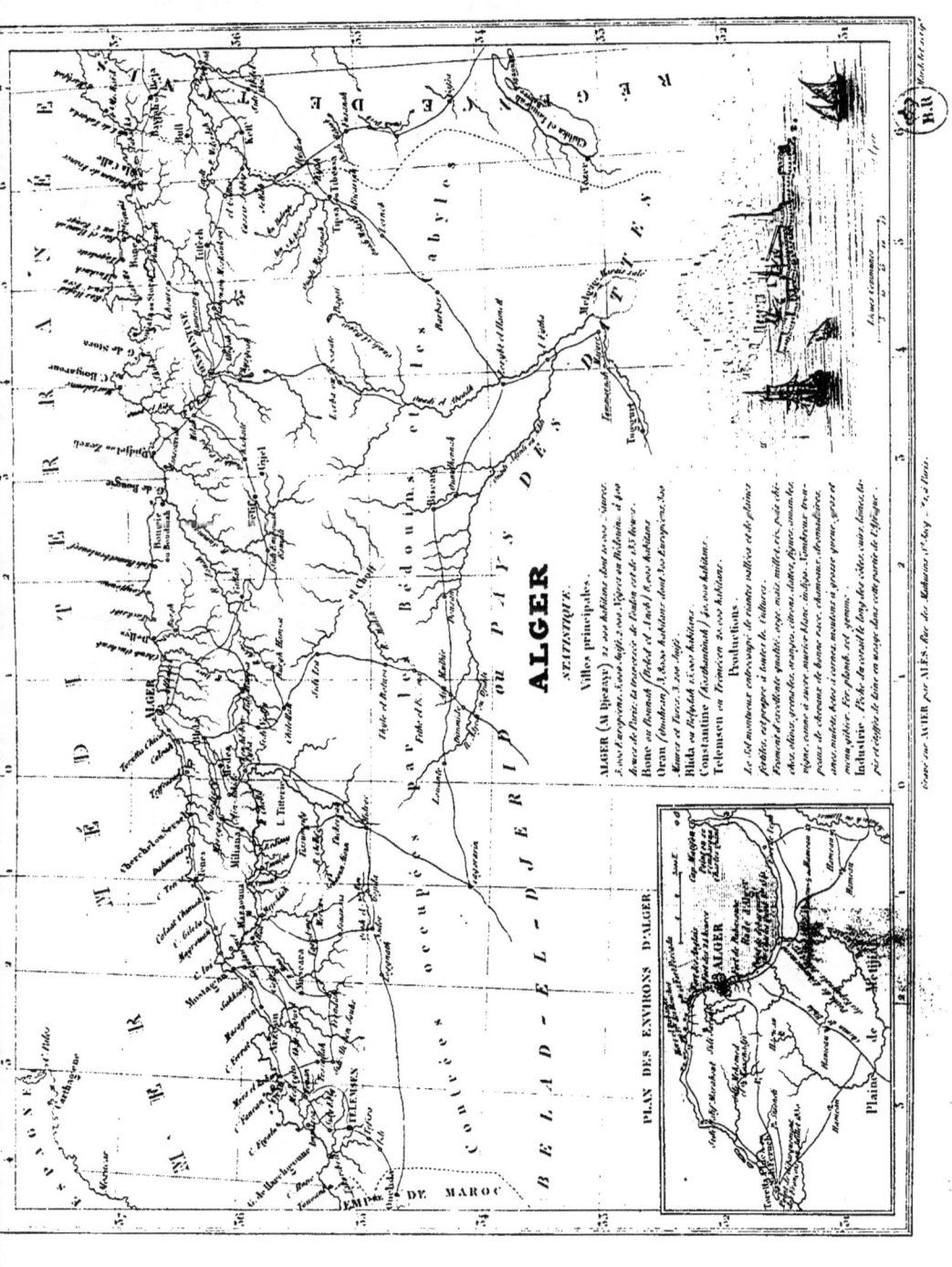

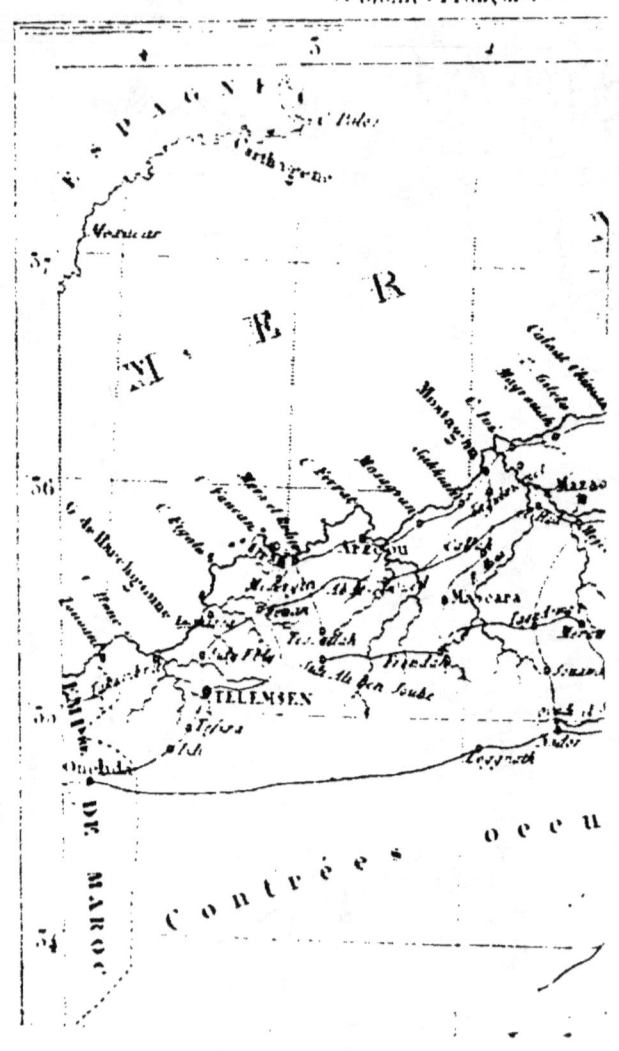

COLONISATION

DE

L'EX-RÉGENCE D'ALGER.

DOCUMENS OFFICIELS

DÉPOSÉS

SUR LE BUREAU DE LA CHAMBRE DES DÉPUTÉS :

1° RAPPORT SUR LA COLONISATION ;

2° EXTRAITS DES RAPPORTS SUR L'OCCUPATION MILITAIRE,
LES TRAVAUX PUBLICS, L'ORGANISATION JUDICIAIRE, LES DOUANES, LES
DOMAINES, LES IMPOTS, LA MARINE, L'ADMINISTRATION ;

3° RAPPORT DE LA GRANDE COMMISSION D'AFRIQUE ;

4° DISCOURS DE M. DE LA PINSONNIÈRE, PRONONCÉ A LA CHAMBRE
DES DÉPUTÉS LE 29 AVRIL 1834.

AVEC UNE CARTE DE L'ETAT D'ALGER.

PARIS.

CHEZ L'ÉDITEUR, RUE SAINT-GUILLAUME, N. 12 ;

L. G. MICHAUD, LIBRAIRE,

RUE RICHELIEU, N° 67 ;

DELAUNAY, LIBRAIRE,

AU PALAIS ROYAL.

1834.

AVIS DE L'ÉDITEUR.

Au moment où la question de la colonisation d'Alger préoccupe tous les esprits et soulève une foule d'intérêts divers; après la discussion solennelle qui vient d'avoir lieu dernièrement à la Chambre des députés sur cette question à la fois si importante et si controversée, on s'étonnait avec raison que les pièces les plus intéressantes de ce grand procès ne fussent pas encore entre les mains du public. En effet, les documens officiels recueillis par la commission d'Afrique doivent être connus de tout le monde, pour que chacun puisse désormais fixer son opinion à cet égard, non plus sur des données vagues et incertaines, mais sur des faits bien établis et d'authentiques renseignemens.

Depuis le vote de la Chambre, la France inquiète et indécise éprouve le besoin de s'éclairer; elle sait que sa gloire et ses intérêts matériels sont vivement engagés.

C'est donc avec la certitude de rendre un service au pays que nous nous sommes empressés de publier les pièces les plus importantes du travail de la commission.

Le nombre et la variété des documens sont, nous n'en doutons pas, de nature à exciter l'intérêt général; et le caractère honorable des hommes qui les ont rassemblés, leur dévouement à la vérité comme au bien du pays, leur assurent un haut degré d'importance et les recommandent suffisamment à la confiance publique.

TABLE DES MATIÈRES.

RAPPORT SUR LA COLONISATION DE L'EX-RÉGENCE D'ALGER, PAR M. DE LA PINSONNIÈRE.

	Pages.
PREMIÈRE PARTIE. — Quels sont les obstacles à vaincre	3
État moral de la colonie	10
Salubrité	14
Déclaration publique de la reconnaissance d'Alger comme colonie française	15
Bases du système d'occupation	16
Criminels. — Colonie pénale	19
Colons qui ne possèdent rien en arrivant	20
Colons très riches, non cultivateurs. — Colons cultivateurs possédant un petit capital	21
Compagnies de grands capitalistes	22
Colonisation militaire. — Vétérans. — Armée de ligne. — Soldats libérés du service. — Bataillons d'ouvriers	23 et suiv.
Convient-il que le gouvernement colonise à ses frais	26
Garanties	28
QUESTION DES INDIGÈNES. — *Le Turc.* — *Le Maure.* — *Le Juif.* — *L'Esclave.* — *Le Cabaïle.* — *L'Arabe*	29 et suiv.
Moyens de force de l'armée opposés à ceux des naturels	35
Système d'occupation en ce qui concerne les naturels	39
Moyens de protection	43
Passage gratuit	44
Ateliers publics. — Concession	45
Primes	48
Travaux d'assainissement. — Routes. — Ports	49 et suiv.
Douanes. — Affranchissement d'impôts. — Protection efficace.	51 et suiv.
Organisation judiciaire et administrative	52
Facilité de communication	53
Commission de colonisation	54
Conclusion. — De la concentration ou de la division des moyens	55
DEUXIÈME PARTIE DE LA COLONISATION. — *Question agricole.* — Quels sont les moyens de culture et d'assainissement dans les endroits insalubres?	61

TABLE DES MATIÈRES.

Pages.

Quel est l'état de la colonisation? des essais de culture commencés? Quelles sont les espérances? etc............................. 64
Le sucre et le café... 70
Coton... 72
Indigo.. 73
Cochenille. — Garance.. 74
Chanvre. — Tabac. — Riz............................. 75 et suiv.
Pommes de terre. — Légumineux. — Maïs. — Plantes fourragères. 76 et suiv.
Conclusion. — Quel est l'état du jardin d'acclimatement? Des essais de culture commencés.. 81

EXTRAITS DES RAPPORTS PRÉSENTÉS PAR MM. LES COMMISSAIRES.

QUESTION MILITAIRE (M. le général *Bonnet*, rapporteur)............ 85
TRAVAUX PUBLICS... 89
PROJET D'ORDONNANCE pour l'organisation de la justice (M. *Laurence*, rapporteur)... 91
DOMAINE PUBLIC et IMPOTS (M. le comte d'*Haubersart*, rapporteur)..... 109
PROJET D'ORDONNANCE sur les douanes (M. *Reynard*, rapporteur)...... 114
MARINE (M. *Duval-d'Ailly*, rapporteur)........................... 119
   Bone. — Bougie. — Alger. — Mers-el-Kébir............. 119 et suiv.

EXTRAIT DU PROCÈS-VERBAL DE LA COMMISSION D'AFRIQUE.

ADMINISTRATION GÉNÉRALE de la colonie........................... 123

RAPPORT GÉNÉRAL DE LA COMMISSION D'AFRIQUE, A PARIS,
PAR M. LE BARON MOUNIER.

PRÉAMBULE.. 124
PREMIÈRE PARTIE. — De la continuation de l'occupation d'Alger..... 132
   Du système de l'occupation................................... 142
   Alger.. 146
   Bone.. 168
   Bougie.. 171
   Oran.. 173
   Mostaganem et *Arzew*....................................... 176
ORGANISATION du gouvernement.................................. 177
RÉCAPITULATION des dépenses.................................... 192
RÉSUMÉ.. 198

DISCOURS DE M. DE LA PINSONNIÈRE dans la discussion de la partie du budget de la guerre relative à la colonisation d'Alger (séance du 29 avril 1834)... 203

RAPPORT

SUR

LA COLONISATION

DE L'EX-RÉGENCE D'ALGER,

Par M. de **LA PINSONNIÈRE**,

Député d'Indre-et-Loire, membre de la Commission envoyée en Afrique.

La colonisation n'est plus de nos jours ce qu'elle fut autrefois, l'usurpation des droits naturels d'un peuple, la destruction de nations pour en substituer d'autres. C'est en éclairant les populations, c'est en les civilisant que l'on veut coloniser aujourd'hui ; et si parfois des nécessités politiques conduisent à l'envahissement d'un pays nouveau, c'est avec l'intention d'améliorer le sort de ses habitans, ou au moins de vivre en bonne intelligence avec eux, afin de les rendre utiles au bien-être général ; car, à cette époque d'intérêts positifs, on sent qu'il ne faut plus détruire, mais créer et conserver.

Lorsqu'en 1830 la France fit l'expédition d'Afrique, il est probable qu'elle voulait seulement venger une injure et anéantir complètement la piraterie ; elle n'avait, à coup sûr, aucune arrière-pensée de colonisation, et ses premiers actes l'ont prouvé [1] ; il est même à présumer que si la colo-

---

(1) Toute l'artillerie d'Alger, au nombre de 15 à 1800 pièces, a été enlevée

nisation eût alors été considérée comme la conséquence absolue du succès, on eût préféré mépriser les insultes d'un pirate et ne pas s'engager dans une entreprise aussi onéreuse qu'incertaine.

Mais, prise au dépourvu par l'étendue et la rapidité de sa conquête, captivée par une révolution qui absorbait momentanément tous les intérêts, dominée plus tard par l'amour-propre national, la France, qui d'abord avait maintenu son occupation sans but déterminé, dut céder ensuite à la force des choses et rechercher sérieusement les moyens de s'établir définitivement dans la régence. Toutefois, ce n'est que sous l'influence d'une grande incertitude que la colonisation a marché, voilà ce qui explique le peu de progrès qu'elle a faits jusqu'à présent.

Le but de ce rapport étant de répondre aux questions posées par le programme, chacune de celles qui tiennent à la colonisation proprement dite sera l'objet d'une série d'observations, et les diverses solutions seront résumées à la fin dans une conclusion générale. On s'étendra plus particulièrement sur le personnel de la colonisation; tout ce qui se rattache au matériel et à l'organisation, devant être traité dans des rapports spéciaux, ne sera reproduit ici qu'incidemment et très sommairement, et seulement pour servir de jalons.

L'art de la colonisation est peu connu chez nous; c'est en tâtonnant que nous avançons; cependant tout paraît devoir encourager nos efforts en Afrique. La fertilité du sol est grande, la perspective commerciale se présente aussi sous les couleurs les plus favorables, et quelques difficultés que l'on éprouve à naturaliser la civilisation sur cette terre, et par suite l'usage des produits de notre industrie, la voie

---

et apportée en France; il faut maintenant en renvoyer d'autres. Bone a été évacué ainsi qu'Oran; on a fait sauter une partie de la citadelle de Mers-el-Kibir.

qu'une colonisation purement européenne ouvrirait serait déjà bien assez large pour justifier toutes les espérances. La position militaire est merveilleuse sous le rapport politique, en ce qu'elle commande l'une des mers les plus riches d'avenir, et qu'elle présente à l'ennemi extérieur d'immenses difficultés d'attaque.

Mais avant de passer à la recherche des élémens de colonisation qui nous sont nécessaires, il convient d'examiner l'état actuel de notre conquête [1].

Quels sont les obstacles à vaincre ?

(Question 4, § 2 du programme.)

Aujourd'hui l'occupation de la Régence est essentiellement militaire ; il n'en pourra être autrement tant que notre souveraineté, pressée par des voisins hostiles, ne pourra s'exercer qu'à l'aide de la force ; mais il est à désirer que l'action militaire, qui n'est qu'un moyen, puisse faire place à une colonisation régulière, qui est le but, et qu'elle n'apparaisse plus que comme un accessoire de protection. Le contraire amènerait inévitablement la ruine de la colonie, car la colonisation n'est que le développement de toutes les ressources agricoles et industrielles du pays, et si l'ardeur du colon, stimulée par l'espérance d'un bon résultat, est une des premières causes de succès, réciproquement le découragement est une cause de revers. Or, il faut bien le dire, en pays conquis, le voisinage des camps est toujours fâcheux, et à Alger, malgré la sollicitude des chefs de l'armée pour le maintien de la discipline, malgré les efforts bien naturels des colons pour préserver leurs propriétés du pillage, le soldat vainqueur s'est toujours cru et se croit toujours le maître absolu de sa con-

---

(1) Voir pour la question agricole le rapport spécial, par M. de la P....

quête. Peu soucieux d'un avenir qu'il ne comprend pas et qui ne l'intéresse pas immédiatement, il n'a fait acte de sa puissance jusqu'à présent que pour porter avec lui la dévastation et la ruine. La hache a fait justice de plantations superbes que le temps et la barbarie avaient respectées ; les pépinières, les vignes ont alimenté le feu du bivouac ; les portes, les fenêtres, les solives des maisons ont fait du bois de corde, vendu ensuite sur la place publique ; les fruits, violemment arrachés, ont entraîné la perte de l'arbre qui les portait ; tout a manqué à la fois au malheureux colon ; jusqu'aux légumes de son modeste jardin, sa dernière ressource, tout a disparu !

L'année suivante il a cultivé les céréales qui ne devaient tenter l'avidité de personne ; l'inexpérience et son peu de ressources, l'ont encore trahi ; maintenant *il est découragé*, il est ruiné.

On cultivait moins l'année dernière que l'année précédente, moins encore cette année que l'année dernière ; nous marchons à pas rétrogrades, et si des mesures énergiques et protectrices ne viennent pas au secours de la propriété, l'avenir de la colonie touche à sa fin.

L'autorité supérieure elle-même, qui aurait dû entourer de protection les pénibles efforts de la colonisation agricole, l'administration, peu spéciale en cette matière, s'est à peine aperçu de son importance ; et non-seulement elle l'a abandonnée à ses propres inspirations, sans guide et sans appui, mais encore elle l'a froissée par ses procédés peu bienveillans, et par une étrange absence de loyauté dans la tenue de ses engagemens.

Des colons ont été violemment dépossédés, leurs maisons et leurs champs dévastés par une occupation militaire faite d'autorité. D'autres, après avoir mis un capital considérable en plantations de plusieurs milliers de pieds d'arbres, en culture de vastes terrains, ont cru alléger un peu le poids de leurs efforts en louant à l'autorité quelques corps de fermes ; le prix du loyer n'a jamais été payé, les terres sont devenues des champs de manœuvre, les prairies des pâturages pour la cavalerie ; toutes les récoltes ont été dévorées.

On doit sans doute au pouvoir bien des choses utiles dans d'autres branches de l'administration de la colonie ; mais il a mis au moins bien de l'indifférence à l'égard des développemens de cette portion d'intérêts sur laquelle cependant repose presque entièrement la colonisation du pays. Il est juste d'observer toutefois que, sous l'administration actuelle, les choses se sont améliorées depuis quelque temps. Les généraux qui commandent en chef ont compris les intérêts des circonscriptions confiées à leurs soins, et si la commission ne s'était interdit la citation de noms propres, elle aimerait, dans ce tableau si rembruni, à en reproduire quelques-uns qui font honneur au caractère national.

Des essais matériels de colonisation ont été faits ; mais comment ? Quatre cents malheureux, détournés par on ne sait qui de leur direction pour l'Amérique, amenés à Alger par une influence inconnue, sont venus y mourir de faim et de misère, ou tomber à la charge du gouvernement. On ne pouvait pas faire que ces colons fussent riches, honnêtes et laborieux ; mais, puisqu'on se résignait à faire des sacrifices en leur faveur, il fallait au moins que les mesures fussent complètes, et qu'en offrant aux gens d'ordre et de conduite des chances de succès, elles ne fussent pas en pure perte pour l'État.

Le contraire est arrivé. Les moyens ont été mesquins et rétrécis ; on a voulu créer des villages ou petits établissemens coloniaux ; tout a été commencé, rien n'a été fini, ou sinon mal fini, et surtout trop tardivement.

Pendant qu'on délibérait sur les divers modes de construction à adopter, l'hiver est arrivé, les constructions commencées sont tombées, les secours ont été insuffisans, les semences ont été fournies après la saison convenable.

Certainement il y a eu des ordres donnés, mais le colon était mort de maladie ou de besoin avant d'être à l'abri ou avant l'arrivée des secours. Il a dû laisser ses guérets inutiles et consacrer les semences aux nécessités impérieuses du moment, en fermant les yeux sur un avenir qui n'existait déjà plus pour lui.

Tel fut le résultat de choses faites, il est vrai, mais faites sous l'empire de cette force d'inertie qui conduisit plus tard à renoncer à tout système, et qui fit qu'on préféra ouvrir la porte aux aventuriers de tous les pays indistinctement, espérant que par hasard il en sortirait quelque bien.

Cette nouvelle marche, dont on avait déjà reconnu les fâcheux effets en 1831 et 1832, porta rapidement ses fruits; non-seulement ni l'agriculture ni la colonisation n'avancèrent, mais il fallut encore une police active pour les empêcher de reculer, et la police ne réussit pas toujours.

Si l'on s'arrête un instant à la manière dont l'occupation a traité les indigènes, on voit encore que la marche a été en contradiction non-seulement avec la justice, mais avec la raison. C'est au mépris d'une capitulation solennelle, au mépris des droits les plus simples et les plus naturels des peuples que nous avons méconnu tous les intérêts, froissé les mœurs et les existences, et nous avons ensuite demandé une soumission franche et entière à des populations qui ne se sont jamais bien complètement soumises à personne!

Nous avons réuni au domaine les biens des fondations pieuses; nous avons séquestré ceux d'une classe d'habitans que nous avions promis de respecter; nous avons commencé l'exercice de notre puissance par une exaction (par un emprunt forcé de cent mille francs); nous nous sommes emparés des propriétés privées sans indemnité aucune; et, de plus, nous avons été jusqu'à contraindre des propriétaires, expropriés de cette manière, à payer les frais de démolition de leurs maisons et même d'une mosquée. Nous avons loué des bâtimens du domaine à des tiers, nous avons reçu d'avance le prix du loyer, et le lendemain nous avons fait démolir ces bâtimens sans restitutions ni dédommagemens ; nous avons profané sans ménagement les temples, les tombeaux, l'intérieur des maisons, asile sacré chez les musulmans. On sait que les nécessités de la guerre sont parfois irrésistibles, mais on peut trouver dans l'application de mesures extrêmes des formes délicates et même de justice qui masquent tout ce qu'elles ont d'odieux. On aurait pu soumettre l'administration des biens des fondations pieuses à la haute surveillance de l'administration française et ne pas s'en emparer; il a pu être indispensable qu'une route traversât un cimetière, puisqu'on ensevelit les morts à peu près partout ; mais il aurait fallu que les ossemens fussent recueillis avec le respect des convenances et non pas jetés au vent (le transport en France de ces ossemens pour faire du noir animal est du reste une fable ridicule) ; il fallait indemniser préalablement un propriétaire dont la propriété devenait utile à l'État, et ne pas le chasser de chez lui ; il fallait ajouter 100,000 fr. de plus aux 25 millions qu'on dépensait annuellement, si l'on en avait besoin pour construire un magasin à blé, et ne pas se donner l'odieux de l'exaction pour une pareille misère ; il fallait respecter tous les droits, et l'on n'aurait pas senti depuis la nécessité de réparer avec de l'or et de la faiblesse les fautes d'un système de violence [1] ; il fallait éviter, pour faire le recensement, de forcer l'entrée des habitations; on voulait prévenir les crimes particuliers, couverts ordinairement par ce mystère impénétrable de la sainteté du domicile, mais on

---

[1] On a restitué les 100,000 fr. Le séquestre sera probablement levé, les indemnités vont être payées.

a certainement fait beaucoup plus de mal par cette mesure précipitée que tous les retards imaginables, toutes les transactions possibles n'auraient pu en faire. Jamais les peuples de l'antiquité, depuis les plus éclairés jusqu'aux plus barbares, n'avaient pensé que la violation des mœurs et des lois des nations vaincues pût les leur attacher ; les Romains, loin de suivre une telle marche, prenaient presque toujours une partie des coutumes des peuples qu'ils avaient soumis, les hordes barbares du Nord firent de même. Il est vrai que plus tard l'Europe substitua ses mœurs et ses croyances à celles de l'Amérique, mais elle fut obligée de détruire les populations, et l'on ne pense pas que cela soit le résultat à rechercher aujourd'hui en Afrique.

Après avoir appelé les naturels aux affaires municipales on les en a éloignés ; il aurait mieux valu les avoir toujours laissés en dehors, et surtout ne pas vouloir créer à l'improviste cette réhabilitation de la population juive, réhabilitation qui ne pouvait entrer si subitement dans les mœurs et qui humilia les autres classes.

Il y eut confusion dans l'organisation de la justice, confusion dans les juridictions, confusion dans l'administration, confusion partout, et certainement les naturels, quand même ils auraient été portés de bonne volonté, n'auraient pu se reconnaître dans ce chaos où nous ne nous retrouvions plus nous-mêmes. Des interprètes ignorans ou infidèles vinrent encore ajouter aux difficultés de nos transactions avec les indigènes.

Une énorme quantité d'arrêtés, pour la plupart inexécutés et inexécutables, habituèrent à l'indifférence pour l'autorité ; d'autres, évidemment inutiles ou inopportuns, excitèrent la défiance et l'hostilité des Européens [1].

---

(1) Un de ces arrêtés vint frapper d'un droit l'industrie des voitures publi-

Nous avions entendu dire que la loi du sabre était la meilleure chez les Orientaux ; mais nous avions oublié que si la justice des Turcs est prompte, sévère et quelquefois cruelle, elle est toujours équitable et appliquée avec discernement.

Nous avons envoyé au supplice, sur un simple soupçon et sans procès, des gens dont la culpabilité est toujours restée plus que douteuse depuis ; leurs héritiers ont été dépouillés. Le Gouvernement a fait restituer la fortune, il est vrai, mais il n'a pu rendre à la vie le père de famille assassiné.

Nous avons massacré des gens porteurs de nos sauf-conduits, égorgé sur un soupçon des populations entières qui se sont ensuite trouvées innocentes ; nous avons mis en jugement des hommes réputés saints dans le pays, des hommes vénérés, parce qu'ils avaient assez de courage pour venir s'exposer à nos fureurs, afin d'intercéder en faveur de leurs malheureux compatriotes[1] : il s'est trouvé des juges pour les condamner et des hommes civilisés pour les faire exécuter.

Nous avons plongé dans des cachots des chefs de tribus, parce que ces tribus avaient donné l'asile de l'hospitalité à nos déserteurs ; nous avons décoré la trahison du nom de négociation, qualifié d'actes diplomatiques d'odieux guet-à-pens ; en un mot, nous avons débordé en barbarie les barbares que nous venions civiliser, et nous nous plaignons de n'avoir pas réussi auprès d'eux ! Mais nous avons été nos plus cruels ennemis en Afrique ! Et après tous ces égaremens de la violence, nous avons changé tout à coup de système pour nous lancer dans l'excès contraire ; nous avons tremblé devant un acte de rigueur mérité ; nous avons voulu ramener à nous, à force de condescendance, des gens qui n'ont alors cessé de nous craindre que pour nous mépriser.

---

ques, le jour où une espèce de chariot fut mis à la disposition des colons pour aller à une demi-lieue d'Alger.

(1) Les marabouts de la tribu des el-Ouffias.

On ne peut attacher le blâme à tel administrateur plutôt qu'à tel autre ; les modifications survenues successivement dans le personnel, l'absence de système déterminé, l'incertitude de l'occupation, ont jeté la langueur partout. Les faux erremens des uns, inaperçus par leurs successeurs, n'ont pas été rectifiés ; des mesures favorables à telle branche de l'administration ont été légèrement adoptées, sans qu'on ait remarqué qu'elles étaient nuisibles à d'autres. Enfin le sol a manqué sous les pas de presque tous, parce que presque tous, en présence de difficultés extrêmes, ont été inférieurs à leur position.

État moral de la colonie.

Deux conditions principales sont à observer chez les colons, celle de leur moralité et celle de leur utilité.

Sous le rapport de la moralité le tableau de la régence est fâcheux, et c'est ici que doit naturellement prendre place un exposé des vives impressions que la commission a éprouvées lorsqu'elle a jeté les yeux sur le passé, lorsqu'elle a reconnu l'état actuel de cette colonisation, dont l'enfance a dû lutter contre de véritables causes de destruction.

Un des événemens les plus graves qui aient pu frapper la colonie à son origine a été, sans contredit, l'arrivée subite, au milieu de gens honorables, de spéculateurs aventureux et sans ressources réelles, qui, se jetant sur notre conquête comme sur une proie facile à exploiter, ont envahi toutes les sources de richesse, neutralisé tous les efforts honnêtes, exigé de lois naissantes et souvent à créer un appui honteux, de honteuses transactions.

Ce fut alors que commencèrent ces spéculations dont quelques-unes ne peuvent être trop flétries ; ce fut alors que, sans moyens d'acquérir, on voulut devenir propriétaire.

Tout parut convenable pour atteindre ce but ; il fallait

posséder, on posséda. La maladie gagna toutes les classes, et l'on doit déplorer qu'elle soit parvenue jusqu'à celle qui s'est toujours fait le plus remarquer par son désintéressement et ses généreux sacrifices.

Les consciences pures se laissèrent égarer; on crut être utile à la colonie en augmentant le nombre des colons, en devenant aussi propriétaire, et quelquefois à des conditions si peu onéreuses que la délicatesse publique s'en effaroucha. Ceux-là furent au moins coupables de donner un fâcheux exemple dont on a largement profité depuis pour couvrir d'indignes spoliations.

Alger devint le théâtre de manœuvres frauduleuses de tous genres qui achevèrent de déconsidérer le caractère français aux yeux des naturels. Nous apportions à ces peuples barbares *les bienfaits de la civilisation*, disait-on, et de nos mains s'échappaient toutes les turpitudes d'un ordre social usé.

Ces colons, inutiles pour la colonisation puisqu'ils ne devaient jamais ni semer, ni planter, ni exercer d'industrie; ces colons, qui accaparaient les terres quelque part que ce fût, sans les voir, sans les connaître, portant d'avance leur envahissement sur les points présumés de l'occupation militaire, s'exposant à l'improbité connue des Maures, en achetant à Belida, par exemple, des maisons renversées depuis six ans par un tremblement de terre, dans la Métidja dix fois plus d'étendue qu'elle n'en a, et jusqu'à trente-six mille arpens à la fois d'un seul propriétaire; ces colons, qui voulaient à tout prix compléter leurs spéculations en revendant avec bénéfice des propriétés vraies ou supposées, des propriétés dont ils avaient peut-être dépouillé le domaine, exigèrent à grands cris de la France qu'elle versât pour eux son sang, qu'elle fît en Afrique, et dans leur intérêt, ces grands travaux qu'elle ne peut faire chez elle-même et qu'en tous cas elle n'entreprend qu'avec les deniers de ses contribuables; il fallait que la France prodiguât ses soldats et ses trésors pour assurer une immense fortune à des gens qui ne lui promettaient même pas en échange le léger dédommagement de la reconnaissance, dont quelques-uns avaient fui le contact mérité des lois pénales, et qui cependant regardaient les efforts de leur patrie comme une dette envers eux. Quel engagement avait donc pris la France pour qu'elle dût s'imposer de pareils sacrifices?

Tout fut paralysé dans la colonie; l'intrigue s'empara de toutes les avenues, l'administration chancela sous un poids énorme, elle succomba presque et ne se releva qu'à peine.

L'armée eut à se défendre aussi de cette puissance qui osa, dès le premier jour, lui contester le droit de camper sur le champ de bataille qu'elle avait conquis.

Les passions politiques se firent jour et servirent merveilleusement le désordre. Que pouvait-on attendre de gens qui rêvent déjà l'indépendance d'une colonie dont l'existence est encore un problème, qui en fixent l'époque et emploient contre cette frêle machine administrative tous les ressorts désorganisateurs qui ne se sont brisés en France que sur d'immenses intérêts matériels.

Ces spéculations si étendues qui engloutissaient toute la propriété circulable devaient avoir en outre l'inconvénient de repousser les petits colons, gens si utiles, qui, s'ils se présentaient aujourd'hui, ne trouveraient plus à former d'établissement sans se soumettre aux dures conditions d'une revente en détail. Elles avaient de plus pour résultat le maintien de l'état de friche, le plus fâcheux de tous les états dans un pays que l'on veut coloniser.

Avec un pareil ordre de choses, la colonisation ne pouvait marcher et elle végéta péniblement; car c'est, avant tout, de la probité, de la raison, de l'ordre et de la modération qu'il faut dans une société naissante.

Si la colonisation agricole a tant souffert jusqu'à présent, on peut l'attribuer encore à d'autres causes. Tentée d'abord aux avant-postes, près de la Métidja, au lieu de l'avoir rapprochée du centre de protection, elle a dû subir les conséquences de sa position dangereuse, insalubre et isolée, car les principaux obstacles à vaincre sont l'hostilité des indigènes, l'insalubrité des portions les plus fertiles, et l'absence de tout établissement permanent sur lequel nous puissions nous appuyer.

La ferme-modèle a vu ses récoltes incendiées par l'ennemi et ses cultivateurs enlevés par l'épidémie; les villages de Couba et de Delhy-Ibrahim, dont l'emplacement a été choisi plutôt dans l'intérêt d'une défense facile que dans celui de l'agriculture, ont été entourés d'un appareil de guerre qui, même dans les circonstances les plus favorables, aurait dû nuire à leur développement.

L'eau manque à Delhy-Ibrahim, et sans eau point d'établissement colonial possible. A Couba, c'est l'espace qui manque; le domaine n'y possède plus rien, et ce village est resserré entre de grandes propriétés particulières, au milieu de terres incultes et abandonnées, que le respect dû à tous les droits défend de fertiliser; toutefois les colons, largement éclaircis par les privations et les maladies, sont revenus de leur première stupeur; le jardinage, dont les produits sont si abondans, commence l'amélioration de leur sort. Cette année ils ensemenceront quelques terres, et tout porte à croire que les grandes difficultés sont vaincues pour eux et qu'il y aura progrès [1]; mais c'est un point dans l'espace, et l'on est épouvanté de tous les efforts qu'un système complet de colonisation par le Gouvernement lui-même exigerait, lorsque l'on considère que, dans les parties qui devront être cultivées de préférence, il n'existe pas un arbre, pas un abri, rien qui ressemble à un village et même à une maison, qu'il faudra tout créer, et que les villes y sont si rares et si peu

---

(1) Les concessions de terres ont été de 1 hectare 33 centiares par tête.

importantes qu'elles n'offrent aucune ressource en dehors de leurs murs.

Salubrité.

Sous le rapport sanitaire, la régence d'Alger ne ressemble en rien à beaucoup d'autres pays chauds, à notre ancienne colonie de Saint-Domingue, par exemple, à Cayenne ou au Sénégal. A ne considérer que son ensemble, le territoire est parfaitement sain; l'insalubrité n'est que locale, elle se borne aux plaines de la Métidja et de la Bougima, et à un très petit nombre d'autres points, encore tient-elle à des causes qu'il est possible de faire disparaître. Malheureusement les deux principaux siéges de notre établissement (Bone et Alger) sont précisément ceux où la colonisation aura le plus à faire pour assainir le sol[1].

Le voisinage des montagnes de l'Atlas au sud garantissant des vents du désert, et l'influence de l'air de la mer étant concentrée sur le littoral, le climat est doux et facile, et

---

(1) La plaine de Bone, autrement dite de la Bougima, pourra être facilement assainie en ouvrant une issue aux eaux de la rivière dont l'embouchure est obstruée par un banc de sable que les vents de mer y ont élevé. Les travaux de desséchement de la Métidja sont beaucoup plus considérables. (Voir le rapport spécial des travaux publics.)

Bone est très heureusement située, et avant la stagnation des eaux de la Bougima, la salubrité de l'air qu'on y respirait était proverbiale. C'est là que de l'intérieur de l'Afrique on venait chercher la santé comme en France nous allons à Hières. — On ne peut trop se hâter d'assainir ce point, si l'on veut garantir la garnison de l'influence désastreuse de l'épidémie régulière qui y règne à de certaines époques. — Au moment où, avec une audace et une adresse vraiment inconcevables, deux officiers et quelques marins enlevèrent la citadelle de Bone, défendue par 2 à 300 turcs, et se rendirent ensuite maîtres de la ville, cette dernière venait d'être incendiée et démolie par Ben-Issa, lieutenant d'Achmet, bey de Constantine, qui en avait emmené ou massacré tous les habitans. Ce fut dans ces décombres que la garnison dut provisoirement s'établir. Sans abri et au milieu de ruines infectes, elle en a subi les funestes conséquences.

convient à merveille au tempérament des Européens. Il n'y a à cet égard aucune conclusion fâcheuse à tirer des nombreuses pertes que l'armée a éprouvées ; les obligations qu'imposent un service de guerre dans un lieu plutôt que dans un autre, l'impossibilité matérielle de suivre un bon système hygiénique, quand même on eût connu d'avance les dangers à éviter, ont placé le soldat dans des circonstances extraordinaires dont on pourra probablement le garantir dorénavant ou qui seront au moins modifiées.

En un mot, on le répète, l'insalubrité n'est que locale, et l'on ne peut pas plus conclure que le territoire de la régence est malsain de ce que les marécages de la Métidja et de la Bougima sont dangereux, qu'on ne dirait que la France est un pays insalubre parce que les marais des environs de Rochefort sont un foyer d'épidémie.

Déclaration publique de la reconnaissance d'Alger comme colonie française.

Les colons attendent le plus grand effet de la déclaration de la reconnaissance du Gouvernement; ils prétendent que la confiance qu'elle inspirera donnera à la colonisation une grande impulsion, qu'alors il suffira de protéger et de laisser faire. Il est vrai que la protection et la liberté sont de nécessité absolue ; mais cet acte authentique de prise de possession de la régence est-il donc si indispensable aussi qu'il faille brusquer les choses au point de les compromettre? Nous ne sommes point appelés à juger cette question, mais on peut observer que la déclaration d'un gouvernement en cette matière se manifeste ordinairement par ses actes, et l'on ne sache pas que l'Angleterre ait jamais déclaré au monde qu'elle érigeait la Nouvelle-Galles en colonie. Elle y a planté son drapeau, voilà tout. Dans ce moment la possession de fait de la régence existe, et la prise de Bougie, les constructions permanentes, l'envoi d'une commission sur les lieux, sont des actes qui prouvent assez clairement l'intention de maintenir cette possession.

Il ne paraît donc pas nécessaire que la France aille demander aux étrangers l'enregistrement de son droit de propriété sur sa conquête, et c'est cependant ce qui arriverait par une démarche qui provoquerait nécessairement un traité.

Ces positions politiques se déterminent d'elles-mêmes et par la force des choses. A Bougie, un navire anglais reçoit des coups de canon de la part des naturels avant notre occupation de cette ville ; eh bien ! c'est au Gouvernement de la colonie que le consul anglais résidant à Alger vient demander satisfaction ; il reconnaît donc notre droit de souveraineté sur ce pays ! Il est certain que son Gouvernement pourrait le désavouer, mais sa démarche prouve au moins tout l'empire de la force des choses.

Bases du système d'occupation.

Il s'agit de déterminer maintenant sur quelle base on établira la colonisation, quels seront les élémens qui devront y concourir.

Se bornera-t-elle à une simple occupation militaire? sera-t-elle agricole? sera-t-elle commerciale? Appliquera-t-on ces trois systèmes isolément ou simultanément? Voilà le point de départ. Quant à la question politique, elle plane sur toutes les autres.

Une occupation dont toutes les vues seraient militaires ne peut répondre à l'attente de la France, qui voit deux choses dans sa conquête : l'amélioration du sort des populations et les bénéfices qu'elle doit retirer de son occupation.

Les Turcs ont occupé militairement, ils ont ruiné le pays, et depuis que la piraterie était abolie leur gouvernement était en déficit de plusieurs millions par an. Les Romains l'ont colonisé, ils l'ont enrichi.

Si l'on se borne à une occupation pure et simple de quelques positions militaires sur le littoral, notre situation sera tellement précaire, que tous les avantages politiques deviendront complètement illusoires. Les naturels sont hostiles aujourd'hui ; ils le seront bien davantage s'ils nous voient restreindre ainsi la sphère de notre puissance dans un pays où jusqu'à présent nous avons réclamé les droits de souveraineté ; ils penseront avec raison que si nous ne voulons pas, c'est que nous ne pouvons pas. Les bénéfices commerciaux offerts par la consommation de nos garnisons ne seront pas assez importans pour les séduire, et d'ailleurs ils n'auront d'influence que sur les tribus les plus voisines, les autres resteront en dehors avec leur haine tout entière contre nous.

L'occupation militaire ne pourrait prendre racine dans le pays et y conserver quelque force qu'autant qu'elle se suffirait à elle-même ; or, il est évident qu'elle ne le pourrait pas si elle se concentrait dans les forteresses. Elle serait à la merci des hostilités de terre et de mer, et les ressources, qui ne sauraient où s'alimenter, seraient bientôt épuisées. Il faut supposer alors que le cercle d'occupation sera agrandi, qu'il sera étendu de manière à donner à l'agriculture assez de latitude pour se développer, que vous appellerez enfin à l'aide de cette occupation militaire une colonisation agricole qui pourra fournir à ses besoins et la mettre à l'abri du danger de l'isolement ; il en résultera une sorte d'assurance mutuelle, car l'agriculture ne peut prospérer qu'à l'ombre de la protection.

Si l'on envisage la colonisation sous le point de vue commercial, on reconnaîtra que dans la régence, comme partout ailleurs, le commerce sera un moyen d'enrichir les colons et de multiplier les ressources de l'occupation militaire ; mais qu'il n'y aurait pas de commerce non plus s'il n'y avait ni protection ni production. La colonisation commerciale entre donc nécessairement dans la mutualité d'assistance que les divers systèmes doivent se prêter. L'absence de l'un des trois compromet l'existence des deux autres ; réunis ils sont puissans, séparés ils succombent. En un mot, sans commerce point d'encouragement à l'agriculture qui produit, sans agriculture point de sécurité pour l'occupation militaire, sans occupation militaire rien, et dès lors point d'influence politique. Les Espagnols, les Génois, et nous-mêmes à la Calle, nous avons succombé, parce que là on s'appuyait uniquement sur la force des armes, ailleurs sur le commerce, et nulle part sur la réunion des systèmes que nous proposons.

Ainsi, la colonisation doit être essentiellement agricole, commerciale et militaire ; c'est sous l'empire de cette conviction que toutes les mesures sont proposées par la commission.

Quant à l'application, elle doit être modifiée dans ses détails suivant les exigences de localités, suivant les circonstances souvent éventuelles, souvent imprévues, et enfin suivant les idées gouvernementales du chef de la colonie. Le mode d'application ressortira de l'aspect moral et physique du pays, et l'on peut dire ici, par exemple, que la nuance militaire dominera à Oran et à Bougie, que les développemens agricoles l'emporteront à Bone, que l'un et l'autre s'établiront fortement à Alger, et que le commerce s'étendra partout avantageusement. On ajoutera, en thèse générale, que l'intérêt de la métropole, dont les productions sont si considérables, est de créer un peuple de consommateurs ; que l'intérêt de la colonie, qui ne peut se passer de la métropole, est de ménager sa bienveillance en attirant à elle la plus grande quantité possible de ses produits au moyen d'un bon système d'échange, et qu'il faut par conséquent qu'elle produise elle-même beaucoup.

Le fisc devra seulement protéger la colonie en commençant, afin de la conduire insensiblement à se suffire à elle-même plus tard.

Criminels. — Colonie pénale.

Dans l'embarras où la France se trouve de la quantité de criminels qui encombrent ses bagnes et ses prisons, on a parlé de créer à Alger une colonie pénale. Cette idée a une telle gravité qu'on ne peut la repousser sans examen; voyons!

Pour transporter les criminels à Alger, il faudra leur donner les moyens ordinaires de premier établissement; c'est le gouvernement qui les fournira sans doute, et déjà l'on se heurte contre une énorme difficulté.

De plus les indigènes, tout féroces qu'ils sont, ne seraient pas toujours un obstacle aux évasions, et il faudrait peut-être pour la garde plus de soldats que de colons. Vous offrirez à un criminel un climat superbe, des terres excellentes et l'apparence de la liberté; le climat, les terres ne seront rien pour lui, c'est la liberté réelle qu'il rêvera. Celle que vous lui aurez accordée exige l'ordre, le travail, la vertu; elle lui sera à charge, et il lui préférera toutes les chances aventureuses d'une vie misérable, mais indépendante; il lui sera si facile d'être libre! Alger est à la porte de nations civilisées, deux cents lieues de côte sont une voie bien large; et puis ces hommes devenus citoyens en réclameront tous les droits. Qu'on juge ce que serait alors un état voisin de nous, composé d'élémens si inflammables; et d'ailleurs l'industrie, les spéculations appelleront à Alger une foule de colons libres, et ils s'indigneront bientôt de n'être que l'exutoire de la métropole. Comment en effet la colonie pourrait-elle se soutenir si elle continuait à recevoir l'écume de vos populations, lorsque vous la croyez dangereuse pour vous-mêmes; il lui faudrait donc avoir recours à cette législation pénale si impuissante chez vous? elle succomberait nécessairement.

Un des griefs de l'Amérique contre l'Angleterre fut cette continuelle ignominie qu'elle lui imposait; cependant ce système ne lui avait jamais été appliqué qu'accidentellement, elle avait été peuplée en principe par les persécutions religieuses et par les guerres civiles.

Si la colonisation pénitentiaire réussissait à Alger, pays si favorable par sa nature et son voisinage d'Europe, elle aurait peut-être un autre inconvénient encore plus grave que tous les autres; celui d'encourager le crime en France au lieu de le réprimer. C'est encore ce qui est arrivé en Angleterre à l'occasion de ses déportations à Botany-Bay, qui est cependant à cinq mille lieues de la métropole.

On pense donc qu'un système de colonisation pénale ne doit pas être adopté. Il flatte l'imagination au premier abord, mais il n'a qu'un résultat trop passager pour qu'il puisse compenser tous les périls auxquels il entraîne.

Colons qui ne possèdent rien en arrivant.

Nous avons vu plus haut que l'utilité du colon est une condition vitale pour la colonie; tout colon inutile est un embarras, un obstacle. Or, sous ce rapport, l'expérience prouve que les hommes des villes ou des campagnes, artisans ou cultivateurs, fussent-ils gens d'ordre et d'intelligence, succomberaient nécessairement s'ils arrivaient dans la colonie sans moyens d'existence, et surtout s'ils voulaient exploiter pour leur compte. Les colons aisés pourraient, il est vrai, leur fournir accidentellement du travail s'ils étaient laborieux; mais le nombre de ceux qui trouveraient à se classer de cette manière est limité, et d'ailleurs cette ressource suffirait-elle à leur propre entretien et à celui de leur famille ? Cela pourrait être si elle n'était pas éventuelle ; on en doute avec la probabilité des choses. Quand l'existence du lendemain dépend du travail incertain du jour, la perspective est cruelle, et si loin de la patrie, loin des siens, ce travail manque, la misère et le découragement sont bien près. Le colon tombe alors à la charge du gouvernement, et il n'est plus qu'un obstacle au lieu d'être une cause de prospérité publique.

Colons très riches non-cultivateurs. — Colons cultivateurs possédant un petit capital.

Si le colon est riche il dépensera beaucoup et fera du bien à la colonie, en ce sens qu'il y sera une cause d'activité ; mais, sous le rapport agricole, il est douteux qu'il obtienne toujours le succès ; ce sera même fort rare, parce qu'il ne mettra pas lui-même la main à la culture, qu'il ne la dirigera et ne la surveillera peut-être pas toujours assez ; que, confiant en sa fortune, il fera des entreprises souvent irréfléchies ou sur une trop grande échelle ; que de grandes pertes seront la cause de nouvelles écoles et de plus grandes pertes encore, lesquelles pourraient être d'un fâcheux exemple dans le pays même pour les cultivateurs prudens ; cependant leurs efforts ne seront pas complètement perdus, et s'ils ne réussissent pas pour leur compte la colonie aura toujours reçu par eux une impulsion utile. Quelques gens riches arriveront au but sans doute ; c'est quelquefois une conséquence des grandes ressources pécuniaires ; ce seront ceux qui amèneront avec eux des cultivateurs connus, qui sacrifieront de grands capitaux à construire des bâtimens d'exploitation, et qui fourniront pendant un an ou deux à leurs fermiers tous les moyens d'existence et de culture. Mais les colons vraiment utiles à la colonie, ceux qui assureraient son avenir, seraient les simples cultivateurs actifs, intelligens, et possédant, en entrant dans une ferme ou en recevant une concession, 1,500 fr. à 2,000 fr. d'argent. Ceux-là cultiveraient sans inquiétude, car ils pourraient, avec cette ressource, se nourrir long-temps et se créer un petit établissement provisoire qui leur donnerait le temps d'attendre les bénéfices pour se fixer définitivement. Ceux-là produiraient beaucoup, dépenseraient peu; ce sont ceux qu'il faut attirer. Nous verrons plus loin quel est le genre de protection qu'on pourrait leur accorder.

On est porté à croire que, quelles que soient les mesures du Gouvernement pour manifester authentiquement son intention de conserver et de coloniser Alger, ses dispositions, après l'incertitude qui a plané depuis trois ans sur la colonie, rencontreront peut-être encore une grande incrédulité chez les populations agricoles de l'Europe, et que sans une espèce d'entraînement exercé directement sur les esprits de nos paysans, la colonie sera long-temps encore sans cultivateurs.

Compagnies de grands capitalistes.

On propose d'employer l'intervention de compagnies de grands capitalistes, à qui l'on ferait des concessions considérables de propriétés domaniales, sous la condition expresse de les mettre en valeur dans un temps déterminé, soit en les cultivant directement par gérans et valets, soit encore mieux en les subdivisant à titre de fermes ou de métairies entre petits colons partiaires, que ces compagnies rechercheraient elles-mêmes dans tous les pays. Cette mesure générale ne devrait contrarier en rien l'établissement de colons isolés qui, soit comme concessionnaires du Gouvernement, soit comme propriétaires à titres onéreux, exploiteraient des terres pour leur compte ; ces deux mesures marcheraient de front et devraient contribuer à hâter la colonisation.

D'autres ont été jusqu'à prétendre qu'il serait peut-être avantageux de transmettre le pouvoir gouvernemental à ces grandes compagnies ; on était frappé sans doute de la puissance de la compagnie anglaise des Indes; mais on n'avait pas réfléchi à toute la différence qui existe entre les deux positions.

Les Anglais ont trouvé un pays couvert de populations laborieuses, de mœurs douces et faciles à plier au joug ; ils ont trouvé des villes riches, un territoire couvert de culture et d'industrie ; en Afrique, rien de tout cela.

L'éloignement de l'Inde a permis au gouvernement de prendre des mesures contre l'envahissement des aventuriers ; serait-il possible de faire de même à Alger? Non.

Quant à la création de ces grandes compagnies sous le rapport agricole seulement, il est certain qu'elle pourrait présenter de grands avantages; mais, ce qui n'est pas également certain, c'est sa possibilité. Les associations de ce genre sont propres aux opérations commerciales, elles ne conviennent nullement aux opérations agricoles : elles s'y ruineraient certainement. Ce résultat, dont peu de personnes doutent, ne serait, il est vrai, qu'un malheur privé, dont la chose publique ne souffrirait peut-être pas autant, mais il aurait l'inconvénient grave d'effrayer un grand nombre de colons.

En supposant que des gens entreprenans osassent risquer des capitaux considérables dans une pareille entreprise, comment se feraient les concessions? On découvre encore sur ce point une foule d'abus et de difficultés.

Colonisation militaire:

Un autre système consisterait à créer des colonies de cultivateurs militaires, soit de vétérans, soit de soldats en activité de service, soit même de soldats libérés.

Vétérans.

Les vétérans n'offrent à cet égard aucune chance de résultats utiles ; restés sous l'empire d'habitudes militaires longuement contractées et peu compatibles avec un travail soutenu, il leur est impossible de se plier à une existence laborieuse ; s'ils l'avaient pu en France depuis qu'ils ont quitté les rangs de l'armée régulière, ils ne seraient pas vétérans aujourd'hui. Les concessions qu'on leur a déjà faites à Alger, les nombreux avantages dont elles ont été accompagnées, prouvent mieux que tout le reste, par leur fâcheux résultat, que la mesure serait mauvaise.

Les terres concédées sont restées en friche, et les matériaux des maisons ont été vendus pour alimenter les désordres d'une vie qui n'a jamais été régulière.

Armée de ligne.

Quant aux militaires de l'armée de ligne, ils doivent être continuellement prêts à un service actif et souvent imprévu. Or, cette perte de temps, cette incertitude tue l'agriculture ; un cultivateur ne peut que rarement disposer de lui-même ; la perte d'une heure employée à des exercices, à des gardes, l'absence accidentelle, quelque courte qu'elle pût être, pour une expédition ou toute autre cause de guerre, pourrait compromettre toute une récolte.

Un cultivateur a besoin de tout son temps pour son agriculture, il est commandé par la nécessité, et le soldat doit être également maître du sien pour son service. Si le colon est soldat et cultivateur à la fois, il remplira mal ses deux fonctions, car il faut bien convenir que nous ne sommes plus au temps des colonies militaires, et qu'il y a une grande distance entre les mœurs des Romains et les nôtres. Il y a donc parfaite incompatibilité entre les deux positions. Tout le monde sait d'ailleurs que les colonies militaires de Russie ont échoué; cependant on est soldat pour la vie dans ce pays; on peut donc attacher un intérêt positif au travail dont on doit toujours recueillir le fruit; tandis qu'en France le soldat ne reste que quelques années au service; il ne se considérerait que comme une machine, agissant momentanément pour le compte d'autrui, et il n'éprouverait que le sentiment de l'indifférence.

Soldats libérés du service.

On avait fondé quelques espérances sur les soldats libérés du service en Afrique; on pensait que l'habitude du climat, la facilité de se créer un avenir, les engagerait à rester dans la colonie; mais trop jeunes encore pour que le souvenir de leurs affections d'enfance soit affaibli chez eux, effrayés peut-être du nombre de leurs camarades victimes des épidémies, peu soucieux d'une existence qu'il faudrait continuellement défendre les armes à la main, ils s'empressent de revenir en France, et ce moyen de colonisation est complètement nul. On avait réussi à en retenir quelques-uns, en leur faisant des concessions, leur conservant leur paie et leur donnant bien d'autres avantages, qui, à la vérité, devaient cesser avec l'année; à la fin de cette année ils ont abandonné leurs terres ensemencées et sont retournés chez eux.

Bataillons d'ouvriers.

Un des généraux qui commandent en Afrique avec le plus

de distinction [1] pense qu'il serait peut-être possible d'employer directement une partie de l'armée à la colonisation sans charger le trésor.

Dans ce système, on organiserait des bataillons d'ouvriers de toutes les professions, principalement de cultivateurs; ce serait une source à laquelle tous les colons seraient autorisés à venir puiser à des conditions d'entretien et de salaire, dont le gouvernement serait alors déchargé.

Les hommes employés de cette manière seraient exemptés de tout service militaire, à l'exception de quelques jours de l'année pris dans la saison la moins propre au travail.

Il est à croire qu'un grand nombre d'entre eux contracteraient des habitudes chez leurs patrons, qu'ils finiraient par y rester à l'expiration de leur temps légal de service, et qu'ils viendraient ainsi concourir à une colonisation permanente, fort utile sous le rapport du travail et de la défense.

Convient-il que le Gouvernement colonise à ses frais?

(Question 4, § 3 du programme.)

Ces divers modes de colonisation militaire supposent toujours, excepté le dernier, que le Gouvernement doit faire tous les frais du premier établissement, c'est-à-dire qu'il doit bâtir des corps de ferme, donner des semences, fournir les instrumens aratoires, le bétail, et enfin la nourriture pour une année au moins, et tant d'autres choses; cela occasionnerait un tel surcroît de dépense et donnerait également lieu à tant d'abus qu'on ne peut s'y arrêter sérieusement. Quand même le Gouvernement ne concéderait pas les terres et les ferait cultiver pour son propre compte, ce serait encore une grande faute; il fait toujours moins bien et plus

---

[1] M. le général Monck-d'Uzer.

chèrement que l'industrie particulière, et l'essai qui a été déjà fait à Alger même prouve clairement que si le Gouvernement agissait directement il en serait très probablement pour ses frais, puisque les colons des deux villages de Couba et de Delby-Ibrahim, qui avaient reçu tous ces avantages, et qui de plus étaient propriétaires et cultivaient pour leur compte, ont presque tous succombé.

Il est vrai qu'ils ne possédaient aucune avance et qu'ils ont attendu bien long-temps avant d'être installés.

La création d'une ferme-modèle, de pépinières et d'un jardin d'acclimatement, est la seule manière dont le Gouvernement doive entreprendre la culture directe.

Tout ce qui vient d'être dit prouve qu'il sera convenable de s'en tenir aux moyens ordinaires de la colonisation, le voisinage de l'Europe et l'exubérance de population sur certains points donne à cet égard toute certitude.

On remarquera que, par un concours de circonstances qui tiennent sans doute à l'incertitude de nos projets sur Alger, les gens qu'un bon esprit de colonisation eût dû s'empresser d'accueillir ont été repoussés, et que précisément ceux que l'on aurait dû repousser ont été imposés à la colonie; tels sont les Suisses du canton de Fribourg, et quelques bons cultivateurs français d'une part, les vagabonds maltais et italiens et les forçats échappés d'Espagne d'autre part.

Il est bien clair que dans le premier cas on n'a pas voulu compromettre l'avenir de braves gens, et que dans le deuxième il y a eu indifférence pour la colonie; mais aujourd'hui l'effet de ces fausses mesures se fait vivement sentir.

En s'adressant à la France pour la colonisation d'Alger, ce n'est pas qu'il y ait une exubérance de population proprement dite, elle n'est que relative; il y a seulement déclassement, c'est-à-dire surabondance locale.

On ne devrait donc pas désirer l'émigration; mais le Gouvernement n'a aucun moyen d'opérer une répartition convenable, et il profitera pour Alger de cette surabondance ; néanmoins elle sera loin de suffire à l'impatience de la France, car c'est une erreur de croire qu'il y ait un très grand empressement à venir en Afrique.

Le désir des propriétaires de la colonie a été facilement considéré comme un fait, et, sous ce rapport, il y a au contraire nécessité d'ouvrir la porte à toutes les nations indistinctement, à la condition pour tous les colons, bien entendu, de se soumettre à la législation de la colonie, de quelque pays qu'ils soient. Cependant les Allemands et les Suisses seraient bien préférables aux autres, à cause de leurs habitudes d'ordre et de travail ; et nous avons tout lieu de croire que le royaume de Wurtemberg, la Bavière, la Westphalie, et quelques cantons de la Suisse dont les émigrations sont si considérables en Amérique, saisiraient avec avidité les chances de colonisation à Alger, pays si près de l'Europe ; ce qui serait d'autant plus avantageux que tous les émigrans d'Allemagne emportent avec eux un petit capital.

On pourrait faire deux classes d'admission, les cultivateurs d'abord, ensuite les artisans.

Les habitans des villes devront être peu encouragés ; cette nature d'hommes ne se décide à l'émigration que lorsque le désœuvrement et la démoralisation se sont emparés d'elle ; elle serait plutôt un élément de désordres que de prospérité pour la colonie.

Garanties.

Il est difficile sans doute d'obtenir des garanties de moralité et de capacité des colons ; on connaît la valeur du certificat de moralité, délivré presque toujours dans le but d'éloigner des gens tarés, inutiles ou nuisibles.

On ne peut exiger non plus de garanties d'argent, attendu que ceux qui émigrent en ont rarement beaucoup ; ce sont ordinairement des gens gênés dans leur famille ou dans leurs affaires qui s'expatrient, il y en a peu d'autres.

Ce serait folie surtout si, comme on l'a déjà fait, ces garanties étaient de telle nature, que ceux qui devraient les fournir auraient vécu à l'aise en restant en France.

On se résignera donc à une grande facilité d'admission; toutefois il conviendra de repousser impitoyablement tous ceux dont l'immoralité serait manifeste; et, sans indiquer de moyens précis de constater authentiquement certaines positions, on pourrait trouver sans doute une ligne de précautions à suivre, de manière à éviter que la colonie ne fût à l'avenir le refuge de tous les aventuriers de l'Europe.

On sait que de bons moyens de police peuvent prévenir à Alger une partie des fâcheux résultats d'une admission trop facile; mais pourquoi se créer une difficulté de plus, il y en a déjà tant d'autres!

QUESTION DES INDIGÈNES.

Quel est l'état de l'occupation sous le rapport politique et militaire à l'égard des tribus arabes?

(Question 6, § 2 du programme.)

Faut-il refouler les tribus, expulser les habitans des villes pour substituer une population européenne à la population musulmane?

(Question 2, § 2 du programme.)

Doit-on faire entrer les indigènes au nombre de élémens qui peuvent concourir au succès et à la durée de l'établissement?

(Question 2, § 3 du programme.)

Après avoir examiné la question de colonisation en ce qui

est relatif aux Européens, il est indispensable de l'envisager sous les rapports bien directs qu'elle a avec les indigènes.

Nous demandons des colons à l'Europe, cependant nous avons de nombreuses populations autour de nous en Afrique; pourquoi ne trouverait-on pas chez les indigènes tous les élémens de colonisation ?

Pour les coloniser, il faut d'abord les civiliser; sans civilisation, point de colonie utile à l'Europe. Malheureusement la tâche est difficile et probablement impossible.

Depuis trois ans que nous occupons la régence, notre position ne s'est point améliorée; elle paraît au contraire moins bonne qu'à l'époque de notre arrivée. Ce n'est ni la paix ni la guerre, mais l'une et l'autre à la fois; nous flottons sans cesse entre l'espoir d'une soumission durable et la nécessité de l'extermination, et tout le monde sent que cet état d'incertitude ne doit pas continuer. Si l'on considère que la régence a une étendue de 200 lieues de long sur 50 de large, et qu'il paraît certain que, sans exagération, on ne peut évaluer sa population à plus de 3 à 4 millions d'âmes, on se demande comment il peut être si difficile de faire sans injustice la part des indigènes et celle de nouveaux habitans; c'est une question que la commission a cherché à résoudre.

Plusieurs natures de population habitent la régence; ce pays, souvent envahi, jamais entièrement soumis, a conservé presque sans mélange chacune des races successivement victorieuses et vaincues. Dans les villes, les Turcs, les Coulouglis (fils de Turcs et de Mauresques), les Maures, les Juifs et les esclaves; dans les plaines, les Arabes; et enfin dans les montagnes, les Cabaïles ou anciens Numides : toutes ces races se haïssent ou se méprisent. Le Turc est le premier, le Juif est le dernier dans cette échelle sociale. L'Arabe redoute les invasions du Cabaïle; le Maure les craint tous les deux.

Le Turc.

Le Turc, au maintien grave, à la dignité de manières, à la loyauté de caractère, s'est effacé dans la régence ; il n'y reste plus qu'un petit nombre de vieux et pauvres janissaires sans consistance ; les uns, venus des Casbahs de Bone et de Mostaganem, sont dans nos rangs comme auxiliaires ; les autres vivent misérablement du produit d'un bien faible travail.

Le Maure [1].

Le Maure, peuple mou, intrigant et dissimulé ; il ne consomme rien, ou presque rien, mais il ne produit rien ; il ne lui reste de son ancienne célébrité que la haine du nom chrétien. Aveuglé par la vanité, l'incertitude de l'occupation française a réveillé en lui l'espoir d'un retour prochain à la puissance dont ses ancêtres jouissaient dans le pays, et il ne s'aperçoit pas qu'il n'est plus que l'ombre d'une grande nation, qu'il rencontrerait chez les Arabes et les Cabaïles une opposition formidable, et qu'il n'a ni l'énergie ni l'élévation de caractère indispensables pour effectuer une pareille restauration.

La colonisation lui serait avantageuse s'il avait quelque activité, car il est plus éclairé que les autres ; mais il est indolent, et dès lors il regrette la domination du turban, moins humiliante pour lui que la nôtre, et jusqu'à présent moins onéreuse ; il en résulte que s'il existe des moyens détournés de nous nuire il en profitera toujours, et qu'il ne peut être utilisé.

(1) Les Maures sont les gens riches de la régence, et ceux qui sont restés dans les lieux que nous occupons ont eu beaucoup à souffrir de l'envahissement de leurs habitations pour les services de l'armée, et de l'état improductif de leurs terres par suite de l'éloignement des populations qui les exploitaient.

Le Maure n'est donc plus qu'un obstacle ; les familles riches, les gens de qualité, comme on pourrait le dire, se sont éloignés ; les autres vivent sur de petits capitaux qui s'épuiseront nécessairement, et bientôt, fatigués de la contrainte que notre occupation leur impose, ils iront sans doute chercher ailleurs un pays où ils puissent conserver leurs goûts et leurs habitudes.

Le Juif.

Le juif, être bas et méprisable ; toute son ame se résume en argent. Celui-là restera, mais avec lui la colonie n'avancera pas ; toutefois, il est utile dans les transactions commerciales ; il en a le génie, surtout pour le brocantage ; et comme, de plus, il parle un peu toutes les langues, il sert d'entremetteur entre le négociant européen et l'indigène.

L'esclave.

Les esclaves ne sont restés dans cette position que par tolérance ; ce sont presque tous des nègres de l'intérieur.

Le Cabaïle.

Les Cabaïles ont un instinct parfait de la justice ; néanmoins, la force est chez eux l'unique loi. Ils ont un caractère éminemment national, peu d'idées, mais positives ; abandonnés à l'état naturel, le sentiment de la personnalité dirige leurs passions, la vengeance des injures les domine toutes. Braves dans le combat, ils sont féroces après la victoire.

Passionnés pour leur vie nomade, l'autorité émanée des villes leur est insoutenable ; ils repoussent avec mépris toute idée de civilisation ; ils n'en sentent pas le besoin et ne veulent pas le sentir ; ils sont Numides, en un mot, et il est à présumer que jamais nous n'amènerons les Numides à comprendre un état social fondé sur un échange de procédés, de douceur et de bienveillance. Ils ont du reste conservé cette finesse d'instinct qui s'use chez les peuples civilisés ; et, dans leur amour de l'indépendance, ils ont trouvé assez de sagesse pour n'avoir qu'un très petit nombre de besoins, et assez d'industrie pour les satisfaire sans avoir recours à personne ; ils resteront dans leurs montagnes s'ils n'y sont pas inquiétés.

L'Arabe.

L'Arabe de la plaine tient beaucoup du Cabaïle ; un contact journalier, une communauté d'habitudes, de goûts, établissent une certaine ressemblance entre l'ancien peuple conquérant et celui qu'il a refoulé, mais qu'il n'a pas vaincu ; il est plus traitable peut-être, mais il n'a pas l'élévation de caractère du Cabaïle ; il sera difficilement amené à des dispositions moins hostiles.

Le Cabaïle est le type des anciennes traditions de l'Afrique ; l'Arabe n'en est que la pâle copie ; peuple penseur, délié, perfide, il est cupide, moins loyal, moins brave ; il pourra vivre dans notre voisinage, il exploitera notre civilisation sans jamais se laisser atteindre par elle ; il sera facilement comprimé avec un système d'occupation, dans lequel la force sera la base, et l'adresse le principal agent.

Il est parfaitement clair, pour tous ceux qui ont vu les choses de près, que jamais on ne pourra faire de colons avec des Cabaïles et des Arabes ; la civilisation les épouvante, et il faut avouer que leurs nouveaux voisins ne sont pas très propres à leur faire concevoir une haute idée de cette civilisation, et d'ailleurs ils ont leur civilisation à eux, et on aurait le plus grand tort de les comparer aux peuples sauvages d'Amérique.

Vous vous êtes présentés en leur annonçant avec emphase que vous leur apportiez les lumières de l'état social et la liberté; ils auraient pu vous répondre qu'ils ont des écoles d'enseignement mutuel depuis des siècles, que tous les Arabes savent lire, et que vos paysans croupissent dans l'ignorance; ils vous ont répondu que sans besoins, et se trouvant bien partout où il y avait un champ devant eux pour leurs troupeaux, et une source pour les désaltérer, ils étaient plus libres que vous, accablés des besoins impérieux de cet ordre social que vous voulez leur imposer.

D'ailleurs il ne peut être donné aux Français, qui ont si peu de fixité dans les idées, si peu de persévérance dans le caractère, de réussir dans une entreprise abandonnée par tous les vainqueurs de l'Afrique. Soumettre ces peuplades à notre état social, les fixer à la glèbe, en faire des machines régulièrement agricoles, industrielles, et enfin contribuables, serait un résultat si beau et si loin des probabilités qu'on ne peut le considérer que comme une chimère. L'appât des bénéfices offerts par notre commerce en retiendra long-temps quelques-uns, mais ils vivront inquiets et soucieux au milieu de vous; les autres, à distance défensive, vous observeront, vous harcelleront ou attendront. Une cause commune les unit tous contre l'ennemi commun; vous êtes chez eux, vous labourez, vous desséchez, vous plantez, mais c'est leur bien que ce friche, c'est leur bien que ces marais dans lesquels ils vivent, et où, comme leurs ancêtres, ils se trouvent à l'aise, disent-ils; c'est toujours leur bien que ces montagnes arides qu'ils ont dépouillées et que vous voulez couvrir de forêts; car ne croyez pas qu'il vous suffira d'avoir acheté leur sol; le Mahométan considère comme une profanation en Afrique la trace d'un pied chrétien, et si vous ne savez pas entourer vos droits les plus légitimes d'un certain prestige, que l'on sent plutôt qu'on ne l'explique, il ne se résignera jamais à cette fusion avec ceux qu'il regardera toujours comme des spoliateurs.

Si l'entraînement, si l'attrait d'une vie plus douce, plus confortable, ne vous réussit pas auprès des indigènes, il vous reste la force, triste ressource, il est vrai, en fait de colonisation ; mais voyons si même elle n'est pas inapplicable.

Moyens de force de l'armée opposés à ceux des naturels.

Nos moyens, excellens pour des guerres régulières d'Europe, excellens pour la défense partout, sont impuissans pour l'attaque en Afrique. Là, point de ces batailles rangées qui décident du sort des empires. L'Arabe, monté sur un cheval d'une extrême vitesse, qu'il a endurci comme lui à toutes les fatigues, à toutes les privations, couvert d'armes offensives et défensives plus efficaces que les vôtres[1], fond sur vous avec la rapidité de l'éclair, et fuit de même sans déshonneur pour revenir bientôt ; il vous cerne, il vous presse de tous côtés, et toute votre tactique s'épuise en vain contre lui. Vos pesantes masses, votre lourd attirail de guerre l'inquiètent peu ; vous vous remuez péniblement, il vole autour de vous ; vous ne l'atteignez jamais, il vous attaque quand il veut ; ce n'est que bien rarement que vous pouvez surprendre cet ennemi si agile, car s'il a prévu votre arrivée, tout disparaît en quelques minutes, femmes, enfans, troupeaux ; ses pénates le suivent en des lieux inaccessibles, et il vous laisse un champ que vous ne garderez pas.

Il ne vous fait pas éprouver de grosses pertes, dit-on ; mais il vous épuise en détail ; et lui, quel mal lui fait-on ? La guerre est son état normal ; après la bataille il est chez lui ; partout où il s'arrête il retrouve à la selle de son cheval

---

[1] Un fusil à très grande portée, qui lui permet de se tenir hors de la vôtre.

toutes ses ressources, toutes ses jouissances[1]. Quant à vous, vos nombreux besoins et votre peu de succès vous ont démoralisés ; braves contre l'ennemi que vous pouvez atteindre, vous êtes découragés devant ce cavalier qui vous échappe toujours, et c'est dans les hôpitaux que viendra se consumer cette ardeur qui eût vaincu des Russes et soumis des Allemands.

La force n'a donc pas plus d'empire que les douceurs de la civilisation sur la répugnance de l'indigène ; quelle est alors la puissance qui pourra le soumettre à vos mœurs et à vos habitudes ?

Sera-ce une politique astucieuse, la corruption, les avanies, comme au temps de la domination des Turcs? Soumission précaire s'il en fût jamais, qui ne reposera que sur des intérêts du jour, qui masquera la guerre sans vous donner la paix, et, qui pis est, sans vous donner ces colons que vous recherchez tant ; soumission honteuse et de plus ruineuse pour tous, car les Deys partageaient les contributions avec les Beys, et ceux-ci avec les Scheiks, après les avoir arrachées par la terreur et la dévastation à des malheureux qu'ils appelaient leurs sujets. Le pays est inculte, il est dans la barbarie ; nous voulons au contraire le cultiver et le civiliser. Ce n'est donc ni l'astuce, ni la corruption, ni les avanies qu'il faut employer. Si la Providence nous réserve l'honneur de rapprocher les Arabes de nos mœurs sociales, que ce soit au moins par des moyens honnêtes. Faisons disparaître le mode funeste de vendre à ces chefs féodaux qui s'appellent Scheiks, le droit d'exploiter leurs tribus jusqu'à extinction, le droit de détruire toute industrie.

---

(1) Le mets national, l'aliment de prédilection des indigènes, est le couscoussous, espèce de grosse farine séchée au four, et qui, sous un petit volume, contient une grande quantité de parties nutritives. Un peu de cette farine délayée dans l'eau suffit à la nourriture d'un Arabe pendant vingt-quatre heures. Un sac de couscoussous, un paquet de tabac et sa pipe l'accompagnent partout.

Ainsi tous les moyens sont impuissans; on n'arrachera jamais les Arabes et les Cabaïles à ce culte de la tente que leur ont transmis leurs pères, et s'ils se résignent à subir en passant votre contact, c'est en frémissant. On revient alors à cette question : Que faut-il faire de ces races indomptables? Les détruire? l'humanité s'y refuse, et d'ailleurs cela est impossible ; les refouler à main armée? il faudrait y employer de trop grands moyens.

Croyons plutôt que le temps et la force des choses en feront plus que toutes les mesures les mieux concertées. Cherchons des colonies ailleurs qu'en Afrique ; demandons-les franchement à l'Europe, et ne considérons le concours des indigènes que comme une éventualité. Froissés dans leurs goûts, dans leurs mœurs, dans leur religion, dans leurs intérêts; fatigués par ce mouvement de civilisation qui s'avancera sans cesse par le voisinage de nos cultures européennes permanentes qui anéantiront le parcours de leurs troupeaux, ils sentiront peut-être le besoin de s'éloigner et ils se retireront d'eux-mêmes dans leurs montagnes. La Russie a fait tout au monde en Crimée pour s'attacher les populations musulmanes; elle n'a pas réussi. Il y avait trois cent mille habitans musulmans et il n'y en a plus que cent cinquante mille aujourd'hui.

Ménagez en attendant toutes les ressources d'une adroite diplomatie; renoncez à ces expulsions violentes; qu'ils restent s'ils le veulent, qu'ils se retirent s'ils le préfèrent ; cette retraite des indigènes ne devant nécessairement avoir lieu qu'autant que nous avancerons, ce n'est pas la dépopulation du pays que notre présence occasionnera; il y aura progressivement abandon des uns et remplacement par les autres.

Tant que les naturels resteront ils pourront avoir ce degré d'utilité commerciale qui existe aujourd'hui et qu'il convient de ménager. Profitons, comme les Américains, de toutes les occasions qui se présenteront d'obtenir pour quelque peu d'or la cession progressive de leur territoire. Dans aucun pays civilisé le vainqueur ne dépossède le propriétaire privé; c'est le droit seul de souveraineté qu'il réclame : pourquoi ferions-nous donc une si dure exception chez des peuples que l'injustice révolte outre mesure et que le plus léger prétexte trouve toujours disposés au fanatisme le plus exalté contre vous?

Avançons lentement sans jamais reculer, toujours de la justice, mais aussi toujours de la force; de la modération, mais aussi de la sévérité : l'Africain méprise la clémence; il la considère comme de la faiblesse ou de la pusillanimité.

Que votre parole soit toujours sacrée pour vous, car il faut aussi dans ce pays mettre le bon droit de son côté ; gardez-vous des profanations; gardez-vous de ce mépris des convenances qui blesse le mahométan dans tout ce qu'il a de plus cher. Gardez-vous de jamais vous laisser aller à ces actes de déloyauté dignes des temps barbares; vous vous feriez de mortels ennemis de gens auprès desquels vous auriez peut-être vécu en paix. On ne pense pas qu'il soit possible de plier les naturels au joug de la colonisation telle que nous la voulons; vous ne ferez jamais des Européens avec des Arabes ; mais on peut les amener à des relations de bon voisinage, les utiliser dans l'intérêt de la civilisation européenne, et ce serait une grande maladresse de ne pas en rechercher tous les moyens.

Déplorons de nouveau, à cette occasion, les divers systèmes qui ont conduit à traiter si légèrement la capitulation d'Alger, à froisser sans mesure et sans nécessité absolue des peuples dont quelques-uns avaient foi en notre loyauté et comptaient sur nous pour arriver à des temps meilleurs.

Ces peuples sont indépendans plutôt en apparence qu'en réalité; chaque individu, rencontrant l'hostilité partout, fait partie d'une tribu auprès de laquelle il trouve protection pour se défendre et appui pour attaquer à son tour; mais c'est aux dépens d'une portion de son indépendance qu'il acquiert son droit de cité ; il doit se soumettre aux exactions et aux violences de petits chefs, diminutifs des patriarches anciens et des chefs de clans écossais, qui eux-mêmes sentent le besoin d'un protecteur plus puissant pour être garantis de l'envahissement des autres chefs leurs voisins. La dépendance est donc une nécessité pour eux ; il leur faut un maître. De là cette disposition où ils pourraient être amenés à se soumettre à nous sans l'emploi immédiat de la force, mais par la puissance de la conviction.

Tâchez alors que ce maître qu'ils cherchent soit meilleur, bien meilleur que celui qu'ils avaient avant vous ; tâchez de leur inspirer de la confiance et vous pourrez vaincre cette extrême répugnance que leur inspire le nom chrétien. L'usage du pays est d'employer certains moyens d'influence dont les convenances ne s'offensent pas, et ce qui passerait chez nous pour un acte honteux de séduction et serait repoussé comme tel, est en Afrique une preuve d'estime toujours bien accueillie.

Le système des cadeaux est si avantageux qu'on ne peut trop le recommander ; un million, bien employé de cette manière, produira plus d'effet que dix bataillons qui coûtent 8 millions.

On demande quel est le système à suivre pour former en Afrique un établissement durable.

(Question 2, § 1ᵉʳ du programme.)

Système d'occupation en ce qui concerne les naturels.

Nous avons adopté une nature de colons, nous avons admis le système de séparation progressive et facultative avec les indigènes ; il importe maintenant, pour compléter l'œuvre, de déterminer quelles relations nous devons entretenir avec l'intérieur du pays.

La France doit prendre à Alger l'attitude de la souveraineté ; il est vrai qu'elle a conquis son droit par la force, mais c'est aussi la force qui avait imposé au pays le pouvoir qu'elle a remplacé, et, sous le ciel d'Afrique, ce droit de souveraineté vaut tous les droits du monde ; il ne reste plus qu'à en user convenablement [1].

Le premier acte souverain est sans contredit la levée de subsides ; mais, chez les peuples nomades, c'est sous la forme de tributs qu'il faut les exiger, et non sous celle d'impôts réguliers : tout autre mode est inapplicable. Le tribut, quelque léger qu'il soit, aura de plus l'avantage d'être le cachet de la soumission ; le refus de le payer serait une rébellion, et pourrait être traité comme tel sans injustice.

Vous vous garderiez surtout d'appliquer la méthode turque au mode de recouvrement.

Les Turcs ne connaissent que le présent, la souveraineté actuelle du jour. Ils s'inquiètent peu du lendemain et ne gouvernent les populations que dans l'intérêt du pouvoir, sans penser au gouverné qui devient ce qu'il peut. On a vu que les Turcs partageaient avec les Scheiks le produit des exactions de ceux-ci ; ils les auraient bien certainement autorisés à prendre tout ce que possédaient les tribus, s'ils avaient cru pouvoir se faire une part plus grande dans ce système de ruine et d'avanies.

Ce genre de gouvernement n'a jamais fait que des spoliateurs, des ennemis et des malheureux ; appliqué par nous, il

---

(1) L'occupation française a été déloyale envers les naturels, et sans aucun égard pour leurs intérêts moraux et matériels. Elle les a froissés, non sans doute par une détermination arrêtée, mais par indifférence, parce qu'elle les comptait pour rien. Disons que la nécessité a peut-être fait faire beaucoup de mal, mais que la justice doit le réparer.

serait la plus grande des fautes. Un mode plus loyal de recouvrer les impôts, autrement dit, les tributs, encouragera les populations au lieu de les décourager, permettra à l'industrie de se développer en laissant aux capitaux toute liberté d'action, et fera des amis de gens qui se verront traités paternellement.

Supposons maintenant que la Régence soit divisée en trois zones; la première dans l'intérieur de nos lignes; la deuxième en dehors et immédiatement voisine de ces lignes, et la troisième au-delà de celle-ci.

Supposons en outre que ces zones soient tracées par une occupation militaire fortement combinée, qui entretiendra les forces les plus imposantes sur les points les plus rapprochés des hostilités présumables, et non pas à l'arrière-garde, comme l'exiguité des ressources a forcé de le faire jusqu'à présent.

Supposons enfin que l'armée soit nombreuse et bien choisie, car on a trop cru en France à la facilité de la conquête, et c'est aujourd'hui le point sur lequel la sollicitude du Gouvernement doit le plus particulièrement se fixer. Ajoutons, aux moyens de force déterminés dans le rapport militaire, la création de routes qui lieraient entre eux tous les points de l'occupation.

(Voir le rapport sur les travaux publics.)

Les routes épouvantent les naturels. Ils n'ont pas d'autres forteresses que les aspérités du sol, elles en détruiront l'effet, et depuis qu'il a été ouvert à Alger de grands moyens de communication sur le massif, toute hostilité a disparu.

Cela posé, la colonie accorderait protection absolue aux tribus de l'intérieur; elles seraient soumises en échange à des redevances régulières en argent, chevaux, etc., et à une éventualité de service de guerre, en cas d'attaque sur certains points; les Caïds seraient nommés par l'autorité française, et le service de guerre serait placé sous la direction d'un chef français ou naturel, selon les circonstances, avec le titre d'Aga. Cette dénomination d'Aga est connue dans le pays, ses attributions seront comprises de suite.

Les tribus de la deuxième zone auraient droit aussi à notre protection, mais à la charge par elles de défendre nos lignes contre celles de la troisième zone; elles seraient également assujéties à un tribut et à la soumission aux chefs institués par nous.

Quant aux tribus de la troisième zone, elles pourraient entrer dans l'assurance mutuelle quand elles le voudraient, et aux mêmes conditions; ce serait à l'habileté du gouverneur à ménager ces alliances et à les étendre le plus possible.

On conçoit alors toute notre puissance à l'intérieur, et toute notre influence à l'extérieur de nos lignes.

Si maintenant les tribus comprises dans les deux premières zones refusaient de se soumettre aux exigences de leur position, si elles préféraient se retirer en dehors de notre influence directe, elles en auraient la faculté, les voies leur seraient largement ouvertes; nous disposerions alors de leur territoire dans l'intérêt de la colonie, et nous pourrions encore conserver la paix, la paix armée.

Mais si, méconnaissant notre souveraineté, elles prétendaient conserver une possession libre et indépendante du pays; si au refus de soumission elles ajoutaient l'hostilité, alors ce serait la guerre, mais non pas cette guerre sans but avoué, molle d'action, nulle dans ses résultats; la guerre prompte, terrible, la soumission, le tribut ou la destruction; la nature de l'occupation militaire en aurait fourni les moyens.

Ce système adopté par la commission paraît être le seul praticable aujourd'hui; c'est celui qu'elle recommande. Au surplus, la colonisation ayant affaire à des populations qui ne sont pas homogènes, dont les intérêts et les besoins sont différens et varient sans cesse, l'application d'un système quelconque et son opportunité doivent être laissées à l'appréciation du chef que vous donnerez au pays. L'homme le mieux informé sera toujours le plus fort, et s'il se garde des cajoleries diplomatiques des naturels, s'il ne s'en rapporte qu'à lui-même, il saura où frapper, il saura où placer ses espérances.

Quelques personnes ont pu craindre que, lorsque notre agriculture offrirait des richesses à piller et à détruire, les *Arabes* hostiles ne sussent bien pénétrer inaperçus chez nous, sans s'inquiéter de nos postes militaires.

Il n'est pas probable que l'Arabe, avec son caractère bien connu de défiance, se hasarde jamais à s'avancer au-delà des forteresses dont les garnisons pourraient lui couper la retraite; il ne l'a jamais fait, et, en tous cas, le système qui vient d'être exposé tendrait à l'en empêcher d'une manière efficace; car, en supposant que notre propre ceinture de protection fût insuffisante à cet égard, nous aurions à lui opposer celle de nos alliés du dehors, et enfin la résistance personnelle des colons et celle de nos alliés du dedans.

On doit observer ici, à l'appui de ce système, que les diverses lignes d'occupation militaire que la commission propose ailleurs d'établir le rendraient immédiatement applicable et livrerait aux développemens de la colonisation un espace bien suffisant pour un grand nombre d'années.

Convient-il que le Gouvernement se borne à offrir une protection?

(Question 4, § 3 du programme.)

Moyens de protection.

Dans une colonisation agricole, l'action du Gouvernement est nécessaire, mais elle doit se borner à la protection et à l'encouragement; elle est directe en fournissant le passage aux colons utiles, en leur assurant provisoirement du travail, en faisant des concessions de terres à certaines conditions, en fournissant de même des plants d'arbres tirés de ses pépinières.

Elle est indirecte en exécutant de grands travaux d'utilité publique, tels que routes, ports, grands canaux d'assainissement, etc.; en établissant un système de douanes protecteur; en affranchissant d'impôts les propriétés rurales pendant un certain nombre d'années; en assurant une protection militaire efficace; en donnant au pays une organisation simple, paternelle, et surtout stable, qui fixe la position des colons, dans quelque partie de la colonie qu'ils s'établissent; en facilitant enfin les communications avec la métropole.

Pour tout le reste, le Gouvernement doit laisser une latitude entière, et s'il est indispensable qu'il conserve une haute influence sur la marche des choses dans la colonie, elle doit être insensible et ne servir qu'à garantir le colon des illusions et des écarts de l'inexpérience.

Les mesures qui inspireront le plus de confiance seront, sans contredit, les meilleures, et ce sera par conséquent au gouvernement à donner à l'exécution de ses engagemens cette fidélité absolue qui la commande.

Passage gratuit.

Dans les moyens d'encouragement on a signalé le passage gratuit; il n'en peut être autrement, car non-seulement il y a l'obstacle du prix, mais encore la difficulté de trouver les moyens de transport. Il n'est pas probable que des cultivateurs s'aventurent vers un port de mer pour y dépenser, dans une longue attente, une partie de leurs économies, et sacrifier ensuite le reste aux frais du voyage; en tous cas, les passages ne devraient être accordés que vers le mois d'avril : à cette époque l'hivernage est passé, et l'on a sept à huit mois devant soi pour préparer un établissement convenable et cultiver les terres.

Ateliers publics.

Il ne faut pas non plus qu'un homme et sa famille qui s'expatrient soient exposés à mourir de faim en arrivant, faute de travail, ou à consumer leur capital, faute de pouvoir l'utiliser; c'est en cela qu'on trouverait un avantage réel dans la création d'ateliers publics, si faciles dans un pays où tout est à faire. Tout arrivant aurait la faculté d'y prendre du travail pendant un temps déterminé; de cette manière il serait sans inquiétude et sans danger; il pourrait prendre ses mesures d'établissement en connaissance de cause, sans être obligé de se livrer au premier venu pour vivre, ou à la première spéculation aventureuse pour utiliser son petit capital; et il n'est pas douteux qu'en trois mois de temps, par exemple, il ne trouvât à se fixer avantageusement dans un pays où il ne manque que des bras à la terre [1].

Concession.

Le système des concessions aura nécessairement plus d'un avantage dans son application; il aplanira l'une des plus grandes difficultés opposées à l'arrivée de petits colons, *la nécessité de se rendre propriétaire à titre onéreux*, car le Gouvernement ne devra pas en faire une opération de fisc; il établira une concurrence avec les spéculateurs de terres, et

---

[1] C'est ici le cas d'observer que les matériaux et la main-d'œuvre étant chers en Afrique, une des grandes difficultés d'établissement est sans contredit la construction de bâtimens nécessaires à l'abri des colons. Il serait donc à désirer que l'industrie particulière d'Europe fît construire de petites maisons en bois, dont les pièces numérotées seraient facilement transportées à Alger, où chacun trouverait ainsi à s'accommoder convenablement. Les intervalles des montans seraient remplis sur place en pisé et enduits ensuite.

Il ne paraît pas probable qu'une maison de ce genre dût coûter beaucoup d'argent; le gouvernement pourrait en faire l'épreuve.

neutralisera de cette manière une partie de l'influence désastreuse qu'ils peuvent avoir sur la colonisation par la revente en détail de leurs propriétés.

Les concessions devront être restreintes en étendue ; il y aura avantage à diviser le plus possible la propriété, afin d'attirer un plus grand nombre de colons cultivant eux-mêmes. Ces concessions, toutes gratuites qu'elles seront, n'en devront pas moins être soumises à des conditions d'intérêt public, et calculées pour être également dans l'intérêt de la culture.

Les concessionnaires pourraient être tenus de cultiver dans un temps donné, de planter un certain nombre d'arbres, de concourir dans des cas et suivant des modes déterminés à l'avance, à certains travaux, tels que ceux d'assainissement, par exemple. La garantie du Gouvernement consisterait dans la faculté de rentrer dans la concession, si à l'époque déterminée les conditions n'étaient pas accomplies. Celle du concessionnaire consisterait à être propriétaire incommutable de droit à dater du jour de l'accomplissement de ces conditions ; jusque là il ne pourrait ni vendre ni dénaturer sa concession sans une autorisation spéciale.

Mais pour concéder il faut posséder, et le Gouvernement éprouve une extrême difficulté à faire constater la position précise et la contenance exacte des propriétés domaniales rurales[1].

---

(1) Le pays se divise en biens domaniaux, en propriétés privées, en circonscriptions particulières à chaque tribu pour lesquelles elles ont des titres, et en terrains vagues et communs qui servent de parcours aux troupeaux des tribus les plus voisines. Si une tribu est plus forte que l'autre, elle s'empare de son territoire ; c'est à cet égard l'état social primitif ; mais les individus isolés nantis de titres conservent toujours leurs droits, c'est notre état social. Les Arabes nomades habitent leurs circonscriptions de la plaine pendant la belle saison, et les abandonnent pendant l'hiver. Les Cabaïles ont des établissemens permanens sur les leurs dans les montagnes. Les Maures des villes, qui sont les grands propriétaires

On sait bien que l'État possède douze fermes considérables dans la Métidja par exemple; mais dans quelle partie? c'est ce qu'on ignore, au moins pour le plus grand nombre. Personne ne peut ou ne veut donner de renseignemens à cet égard; et, bien qu'on soit parvenu à Alger à retrouver des registres de tous les biens de l'État, excepté toutefois ceux de la corporation des janissaires, on y est presque aussi embarrassé qu'à Bone et à Oran, où l'on n'a aucun document. Il n'y a dans ce cas, comme dans beaucoup d'autres, qu'une occupation militaire forte et bien combinée, appuyant des agens intelligens et persévérans, qui puisse faire disparaître ce chaos.

Si le Gouvernement est grand propriétaire dans la plaine de la Métidja, il ne possède que très peu de chose sur le massif d'Alger; il pourrait néanmoins y revendiquer des droits sur une assez grande étendue de terrains vagues. Dans les plaines de Bone, et à une lieue de la ville, il paraît, suivant les rapports des naturels, qu'une vaste étendue de territoire lui appartient; il ne semble pas qu'il en soit de même ni à Bougie ni à Oran.

Les tribus se divisent quelquefois en plusieurs sections;

de la Régence, afferment en général leurs propriétés aux Arabes. Aujourd'hui, quelque part que vous alliez, il se présente un propriétaire. La preuve testimoniale étant admise avec la plus grande facilité par les autorités indigènes, jusque dans les choses les plus graves, il en résulte qu'un Maure de mauvaise foi se fait accompagner chez le cadi par deux autres Maures d'aussi mauvaise foi que lui, et, sur la déclaration des témoins et du réclamant, un acte de notoriété est dressé, lequel constate qu'il est bien connu que telle propriété appartient au réclamant. Muni de cette pièce, qui vaut titre dans le pays à défaut d'autre, on vend, moyennant peu de chose il est vrai, mais quelque peu que ce soit, c'est toujours une industrie profitable, car on vend des propriétés qui dans ce cas appartiennent le plus souvent au domaine ou à des indigènes émigrés. Les colons, tentés par le bas prix, ont été à cet égard d'une extrême facilité. Ces sortes de transactions frauduleuses amoindrissent encore la part de concessions qui pourraient être faites. Il est urgent de modifier cet état de choses.

elles ont pour chef un Scheik, gouverneur féodal, qui est à lui seul tout le gouvernement. Si l'autorité française voulait traiter d'une cession de territoire, ce serait avec le Scheik pour les propriétés communes et avec les indigènes pour les autres.

Il serait peut-être convenable aussi que le gouvernement traitât directement avec les propriétaires Maures, qui seraient d'autant plus disposés à vendre que l'occupation deviendrait certaine, et pour peu de chose on ferait des acquisitions immenses.

On pourrait alors faire des concessions non pas précisément gratuites, mais si peu onéreuses qu'elles ne paraîtraient pas une difficulté pour le petit colon.

Primes.

La commission a repoussé le système des primes pour les plantations d'arbres ; elle s'était d'abord arrêtée à ce mode d'encouragement, parce qu'il est le plus généralement adopté ; elle se fondait en outre sur ce que le petit colon, qui ne verra dans la plantation d'un arbre qu'une dépense actuelle pour une éventualité de revenu fort éloignée, pourra être découragé, tandis que s'il était stimulé par l'espérance d'une prime qui l'indemnisât promptement de ses frais de plantation, il n'hésiterait probablement plus à se créer cette nouvelle source de richesse. Mais elle a pensé ensuite que les primes en argent sont très onéreuses, que malgré cela l'expérience prouve tous les jours leur insuffisance, qu'il y a souvent mauvaise application, ce qui décourage au lieu d'encourager, et que le Gouvernement, en entrant dans cette voie, pourrait se trouver dans l'alternative fâcheuse ou de dépenser beaucoup plus qu'il n'aurait voulu, ou de ne pas payer.

Il a paru plus convenable de faire fournir par le gouvernement des plants d'arbres de toute nature, et tout ce qui serait susceptible d'être cultivé avec avantage dans la colonie, mais on a cru encore que le don gratuit devait être écarté.

On sait que le petit cultivateur n'attache de prix qu'à ce qu'il paie, et qu'un arbre qu'on lui donnerait pour rien serait reçu par lui avec indifférence. Le Gouvernement vendrait donc, plutôt qu'il ne donnerait, le produit de ses pépinières et de ses jardins ; mais il aurait soin que les prix fussent tellement modérés qu'ils se trouvassent à la portée de tout le monde.

Travaux d'assainissement.

On a vu plus haut que l'insalubrité n'est que locale dans la Régence, et que c'est précisément sur les deux points les plus importans que ses effets sont le plus à redouter.

Un système de travaux d'assainissement est proposé par la commission ; elle en détermine les moyens d'exécution sous le point de vue moral et sous le point de vue matériel. Ils consistent principalement dans l'emploi des diverses natures de condamnés, forçats militaires, disciplinaires, suivant le degré de l'échelle dans lequel le crime les a placés, et de plus dans une série de canaux de trois sortes. (Voir le rapport sur les travaux publics). Le Gouvernement se chargerait des canaux des deux premières dimensions, et les propriétaires devraient faire exécuter les autres. Un impôt serait établi cadastralement à titre de compensation de la dépense faite par le Gouvernement, au fur et à mesure que les travaux d'assainissement auraient rendu les terres susceptibles de culture.

Routes.

La création de routes n'est pas moins nécessaire à la colonisation proprement dite qu'à l'occupation militaire ; ce sont les grandes facilités de communications qui éclairent et enrichissent un pays en développant toutes ses ressources agricoles et commerciales; les avantages qui en résulteront se feront d'autant mieux sentir dans la Régence qu'il n'existe aucune rivière assez forte pour permettre une navigation intérieure d'une importance bien étendue.

Plusieurs lignes principales sont tracées et déjà en voie d'exécution au moyen de l'armée; elles ont cela de remarquable que, non-seulement elles ont une grande utilité stratégique, mais encore qu'elles lient entre eux les principaux points où la colonisation agricole peut le plus convenablement s'établir. (Voir également le rapport sur les travaux publics.)

Ports.

Sur une étendue de deux cents lieues de côtes qui dépendent de la Régence, il n'existe aucun port susceptible de recevoir des bâtimens de guerre de quelque importance, et à peine des mouillages qui offrent quelque sécurité contre certains gros temps et contre l'hivernage. Des travaux immenses et presque hors de notre portée pourraient seuls y suppléer; mais il est moins difficile de perfectionner les moyens d'abri pour la marine marchande et d'en créer de nouveaux. (Voir le rapport maritime.)[1]

---

(1) Les travaux publics se monteront à 21,000,000 environ; ils consisteront en fortifications permanentes, routes, établissemens militaires et civils, ouvrages à la mer, camps, points fortifiés au pied de l'Atlas, pour l'occupation progressive, défense de Sidi-el-Ferruch, etc. Dans cette énumération, Alger et sa circonscription se trouvent comprises pour 9,380,000 fr., dont 1/6° par an.

Oran,	4,360,000	id.
Bone,	2,550,000	1/5°
Bougie,	3,000,000	1/6°
La Métidja,	1,500,000	1/5°
Total	20,790,000 fr., dont 3,600,000 par an.	

Douanes.

De grandes facilités commerciales doivent être accordées à une colonie naissante; c'est une des conditions de sa prospérité; on le peut sans nuire aux intérêts de la métropole et cela est indispensable pour attirer et encourager les colons.

On doit garantir les produits contre la concurrence étrangère, faciliter leur écoulement par un allégement de droits à la sortie; supprimer tous les droits d'importation sur les objets de première nécessité et sur ce qui est également nécessaire à l'agriculture[1]; se pourvoir de préférence pour la consommation de l'armée chez les producteurs de la colonie. (Voir le rapport commercial.)

Affranchissement d'impôt.

L'affranchissement d'impôt a lieu en France pour les constructions nouvelles; la commission propose d'appliquer une mesure analogue aux propriétés rurales, c'est-à-dire un système d'impôt presque nul ou au moins très léger d'abord et progressif ensuite; il ne peut donner lieu dans la colonie à une perte de revenu pour le trésor, car ce revenu, en paralysant l'industrie, finirait promptement par disparaître, et l'affranchissement, au contraire, est un encouragement qui sera d'autant plus productif plus tard que les charges publiques auront été moins onéreuses en commençant. Le système progressif aura l'avantage de suivre la colonisation, il n'aura pas l'inconvénient de l'arrêter. (Voir le rapport spécial pour les domaines, etc.)

---

(1) Aujourd'hui tout paie des droits d'entrée, même les instrumens d'agriculture.

Protection efficace.

Lorsqu'on a dit que la colonisation devait s'étendre lentement et progressivement, on n'a pas prétendu pour cela que la protection militaire dût se borner à la pousser devant elle; on a compris, au contraire, qu'elle devait tout d'abord étendre la peau de bœuf de Carthage, et tracer en maître sa ligne d'occupation, aussi éloignée du centre que ses forces le lui permettraient; que sa tâche une fois accomplie dans cette enceinte, elle en tracerait une autre plus excentrique, dans l'intérieur de laquelle s'avancerait encore la colonisation, et ainsi de suite, de manière qu'elle s'agrandît continuellement derrière et non devant la ligne de protection. Elle n'est possible qu'à cette condition, et il en résulte un système mixte d'attaque et de défense, dont l'application est développée dans le rapport militaire. (M. le lieutenant général Bonnet.)

Organisation judiciaire et administrative.

En organisant un pays nouveau, on peut éviter tous les inconvéniens, tous les abus que l'expérience a signalés dans le vieil ordre social de l'Europe. Les institutions doivent être fortes, mais simples; il ne s'agit pas de chercher à satisfaire telle ou telle exigence, tel ou tel besoin, telle ou telle nécessité politique dans une société qui n'existe pas encore, mais d'offrir l'attrait d'un gouvernement plus parfait à tous ceux qui seraient tentés de s'expatrier pour venir s'y soumettre volontairement.

Dans l'ordre administratif et municipal, peu de rouages, et se ménager, à l'égard des naturels, une grande influence sur la part de pouvoir qui lui sera nécessairement dévolue; il faut que la main du maître apparaisse partout, sans jamais écraser ni même froisser. Dans l'ordre judiciaire, un bon choix de personnel sous le rapport de la science et de l'intégrité ; on comprend toute l'importance du caractère élevé de la magistrature dans un pays où, comme dans toutes les colonies naissantes, la population doit nécessairement être fort mélangée. Simplifier les formes en maintenant les garanties pour obtenir bonne et prompte justice ; conserver autant que possible, en les modifiant, les juridictions du pays, les soumettre également à notre suprématie, et les attirer insensiblement à nous ; réformer le système fiscal de France ; enfin, si l'on veut tirer parti de la portion de naturels que nos mœurs ne repousseront pas, il faut adopter un système général et n'en plus changer, les détails seuls peuvent être élastiques. Les musulmans ne comprennent rien à notre extrême mobilité qu'ils méprisent, un nom seul est pour eux toute une chose, toute une administration, parce que, depuis le Coran, rien n'a changé chez eux. (Voir les rapports spéciaux.)

L'administration de la colonie a d'abord été confiée à la puissance militaire : plus tard on crut convenable d'essayer l'application de la législation française ; mais le fait et le droit, en présence l'un de l'autre, se froissèrent mutuellement ; il était impossible d'administrer tout à coup, à la manière européenne, des populations si divergentes.

Facilité de communication.

Dans un pays dont tout l'avenir dépend de la France, dont tous les intérêts généraux et particuliers sont liés avec des intérêts de France, il est indispensable d'entretenir des moyens de communications faciles et dont chacun puisse disposer à son gré.

Les bâtimens du Gouvernement, soit ordinaires, soit à vapeur, ne remplissent pas aujourd'hui ce but ; il serait à désirer que des paquebots publics et réguliers fussent établis; l'industrie particulière paraît devoir être appelée de préférence à satisfaire à ce besoin de la colonie.

C'est à elle à juger si le moment est favorable, et si elle pourrait déjà y trouver quelque avantage [1].

Commission de colonisation.

Le pouvoir civil de la colonie ayant compris de bonne heure qu'il fallait penser, avant tout, à créer la matière colonisante, qu'il fallait et des hommes et des choses, et que la haute administration ne pouvait cependant descendre à des détails d'exécution trop matériels, imagina d'organiser une commission spéciale de colonisation.

Il eut raison sans doute, et le titre seul de cette commission en fait comprendre tous les avantages; mais il ne fallait pas se borner à l'organisation et au titre, il fallait lui donner des attributions; c'est ce qui a été omis.

Cette commission, armée seulement de l'acte administratif qui l'instituait, s'est trouvée naturellement à la tête de tout ce qui se rattachait à la colonisation, et, jusqu'à présent, c'est elle qui a dirigé l'établissement des colons, en leur assignant la part de concession qui leur était dévolue et en se rendant intermédiaire officieuse entre eux et l'autorité. Elle a également dirigé les travaux et l'administration du jardin d'acclimatement, mais elle n'a rien fait de plus. Il paraît convenable de maintenir cette institution en simplifiant toutefois l'organisation de son personnel, qui est trop nombreux, et en ajoutant quelques nouvelles attributions à celles que la force des choses lui a données.

La commission de colonisation pourrait être chargée de rechercher et de proposer les dispositions les plus conve-

[1] Il serait convenable que la sévérité des réglemens de quarantaine fût modifiée, en ce qui concerne les communications d'Alger avec la France.

venables et les mieux appropriées à chaque localité dans les concessions du Gouvernement.

Ces dispositions pourraient concerner l'assainissement du pays, les plantations à faire et celles à conserver, etc.

CONCLUSION.

Il résulte de tout ce qui vient d'être dit que la colonisation a pris jusqu'à présent une fâcheuse direction et qu'il est urgent de la remettre dans la bonne voie;

Que l'on doit renoncer à une colonisation pénitentiaire, militaire ou par grandes compagnies, et s'en tenir à une colonisation libre, agricole et commerciale sous la protection militaire;

Qu'il est convenable d'admettre les colons sans distinction d'origine; mais qu'il sera prudent de ne rechercher spécialement que les agriculteurs d'abord, et ensuite les artisans, et de n'encourager que faiblement les habitans des villes;

Qu'on ne peut faire entrer d'une manière absolue les indigènes au nombre des élémens qui doivent concourir au succès et à la durée de la colonisation;

Qu'il faut dans le système que l'on adoptera ne les considérer que comme une éventualité seulement;

Qu'il ne faut pas sans nécessité refouler les tribus ni expulser les habitans des villes, mais qu'il faut favoriser leur retraite s'ils ne se prêtent pas à notre colonisation;

Que le Gouvernement ne doit pas coloniser à ses frais;

Qu'il doit se borner à offrir une protection efficace, et seulement des encouragemens, sans recourir au système des primes;

Que ces encouragemens doivent principalement consister en travaux de desséchement, de routes, de ports, etc.

De la concentration ou de la division des moyens.

Après nous être étendus sur toutes les questions qui intéressent la colonisation d'Alger, une dernière se présente, et c'est bien certainement une des plus importantes à résoudre.

Fera-t-on marcher la colonisation de front sur tous les points à la fois? diviserons-nous nos efforts dans ce but?

Si la France peut faire tous les sacrifices que l'entreprise d'une colonisation générale exige, rien de mieux, il sera convenable d'en hâter les résultats; mais, a-t-on dit, si nos efforts ne sont pas assez puissans pour protéger cette colonisation également partout, il est préférable de les concentrer; la division des moyens les affaiblirait, et, comme aujourd'hui, tout serait entrepris, rien ne serait terminé; cet état de langueur découragerait les colons et relèverait l'espérance des indigènes, et le peu que nous ferions sur chaque point, n'atteignant pas un résultat positif, nous finirions par perdre en détail le fruit de tous nos sacrifices.

Si au contraire ces moyens, impuissans par la division, étaient réunis et appliqués à un seul point, ils donneraient nécessairement à la colonisation sur ce point une grande et décisive impulsion ; les autres ne seraient provisoirement considérés que comme des positions militaires occupées militairement.

On répond d'un autre côté qu'une exclusion absolue de quelques parties de la Régence, dans le partage de nos efforts, serait une faute, car si la colonisation ne réussissait pas sur le point adopté, si toutes les espérances n'y étaient pas réalisées, les spéculateurs n'oseraient plus rien entreprendre ailleurs, le but serait manqué et les pertes seraient les mêmes; c'est pour cela qu'il faudrait ouvrir la voie sur plusieurs points à la fois, en soumettant néanmoins aux circonstances l'étendue de nos efforts dans chaque localité.

Si l'on adoptait ce système, qui paraît le plus favorable, il resterait à déterminer vers quel point notre attention devrait se diriger de préférence.

Les premiers regards se portent naturellement sur Alger ; c'est là que vont aboutir toutes les espérances, toutes les illusions ; cependant les avantages agricoles que Bone présente à la colonisation sont réels et immenses, et ceux d'Alger ne sont que problématiques. Mais ce sont d'autres considérations qui doivent nous diriger ; il y a une force d'entraînement, une nécessité morale qui nous fixe à Alger, et lors même que des avantages certains se présenteraient ailleurs, il serait difficile et peut-être impossible aujourd'hui de changer cette direction.

Ce serait donc à la circonscription d'Alger, proprement dite, que l'on appliquerait la plus grande somme de moyens ; notre occupation y a déjà acquis un degré d'importance qu'elle n'a encore nulle part, et il est essentiel de l'y consolider et d'en élargir le cercle. On fera aussi marcher la colonisation à Bone, comme étant la partie la plus fertile, mais sur une échelle moins grande, et, en cas d'insuccès à Alger, l'entreprise déjà commencée à Bone y serait prête pour un grand développement. Tous les autres points de l'occupation pourraient encore recevoir successivement une part à la bienveillance de la métropole, au fur et à mesure que la colonisation se consoliderait partout où elle aurait été commencée, et qu'elle laisserait à sa disposition une masse de moyens suffisans.

Quelques personnes ont exagéré la dépense et les inconvéniens de la colonisation ; d'autres ont exagéré tous ses avantages ; la vérité se trouve entre ces deux extrêmes. Les terres, loin d'être douteuses, sont généralement d'une qualité supérieure ; le commerce qui existait jadis avec les naturels reparaîtra sans doute, leur intérêt bien entendu l'exige. Ils le comprendront lorsque nous aurons manifesté une volonté ferme d'occupation, lorsque leur avidité trouvera un aliment assuré dans notre consommation; et que notre protection les garantira de tous dangers; la nouvelle population européenne, apportant avec elle les goûts et les besoins d'Europe, imprimera bientôt une grande activité à ce mouvement commercial, et il n'est pas douteux que l'on pourra faire dans ce pays si voisin de la France mieux et plus vite que les diverses nations d'Europe n'ont fait dans les colonies qu'elles ont créées aux extrémités du globe, et qui cependant sont florissantes.

La protection militaire repose sur un système qui ne demande pas un développement de moyens beaucoup plus grands que celui qui existe aujourd'hui. C'est dans l'emploi de ces moyens plutôt que dans leur augmentation que résidera la force. On peut, à l'aide de ce qu'on dépense aujourd'hui, tracer une enceinte de colonisation formidable qui suffira pendant vingt ans à l'enthousiasme de tous les émigrans de l'Europe.

Sans doute il faut abandonner bien des illusions, renoncer à voir des ressources surnaturelles dans ce pays et s'en tenir aux réalités; il faut des colons, du temps, de la persévérance, de l'argent; car il faut semer si l'on veut récolter, il faut créer des établissemens militaires où ils manquent, des routes, des canaux d'assainissement, des ports, et les contribuables de France devront y pourvoir. Mais la simple réalité se présente sous une couleur tellement favorable qu'elle ne doit plus laisser de doute à de raisonnables espérances; le caractère français devient de jour en jour plus positif, et quand il arrive au fait il voit juste. Nous sommes de mauvais colons, dit-on; oui, pour aller en Amérique, non pour aller en Afrique. Nous savons d'ailleurs que si toute la France n'a pas cet esprit aventureux qui envoie tant d'Allemands en Amérique, l'Alsace et le Midi fourniront cependant des colons utiles, et que l'Allemagne ne nous en laissera pas manquer, car les émigrations continuent, et on préférera quatre jours de traversée dans la Méditerranée, aux hasards d'une longue navigation dans l'Océan. Quant au temps, il est devant nous, il ne faut pas s'en effrayer, et les nations moins que les individus. Nous aurons de la persévérance, parce que l'honneur national le commande, parce que nous devons reculer devant l'idée de livrer à d'autres mains un trésor que nous n'oserions pas exploiter. Il faut nécessairement de l'or en commençant, et l'on ne peut évaluer aujourd'hui les revenus ; mais cette quantité d'or n'est pas exorbitante, et les revenus rapidement progressifs seront en raison des premiers sacrifices que vous ferez, en raison de la réalité de la colonisation.

On évalue tous les travaux extraordinaires à une vingtaine de millions qui seront répartis sur plusieurs années. Or, nous dépensons aujourd'hui vingt-cinq millions environ pour les besoins ordinaires ; ce sera donc trente millions à peu près pendant quelques années, avec décroissance progressive. Avec cette dépense nous aurons non-seulement créé une colonie, mais encore une excellente école pour la marine et pour l'armée. Nous faisons en France des camps de manœuvres qui coûtent beaucoup et ne produisent rien ; à côté de cet immense camp de manœuvre d'Afrique se trouveront des avantages politiques auxquels nous ne voulons ni ne pouvons renoncer, des avantages commerciaux qu'on ne peut nier. A la vérité le trésor n'a rien retiré de notre occupation jusqu'à présent ou presque rien (15 à 1,800,000 f. par an), mais on peut dire aussi que jusqu'à présent la colonisation n'a pas existé, et que 100 millions, employés comme les 25 qu'on dépense, ne produiraient pas un plus grand résultat.

En résumé, la colonisation sera long-temps onéreuse avant de présenter des bénéfices matériels équivalens à nos sacrifices ; mais elle est pour nous une nécessité politique, impérieuse et absolue. Cherchons alors à tirer parti de la position difficile dans laquelle nous nous trouvons, et que les efforts qu'elle nous impose ne soient pas perdus pour l'avenir.

La colonisation a échoué jusqu'à présent, parce qu'elle a manqué de direction ou plutôt parce qu'elle n'a jamais été tentée sérieusement ; elle a échoué parce que le défaut de connaissance des lieux, des hommes et des choses a souvent égaré l'autorité, parce que les événemens ont trompé les prévisions, dominé tous les calculs ; elle a échoué enfin parce qu'elle est tombée, en général, entre les mains de spéculateurs et non de véritables colons.

Mais il sera donné à un système bien arrêté de la relever ; à un système de force et de prudence, à la fois, s'il est suivi surtout avec énergie et persévérance, et si son application est confiée à un pouvoir placé dans une sphère tellement élevée qu'il puisse atteindre toutes les positions, comprimer toutes les collisions et forcer toutes les résistances.

DEUXIÈME PARTIE
DE LA COLONISATION.

QUESTION AGRICOLE.

La solution de la question agricole suppose nécessairement que l'avenir politique de la colonie est assuré, que les questions de sécurité intérieure et de salubrité sont résolues ; et en effet ce serait une grande erreur de croire que des colons agriculteurs viendront apporter leurs capitaux et leur industrie dans un pays dont l'occupation serait incertaine, dans un pays où leur principale affaire ne serait pas la culture de leurs champs, mais la défense personnelle, où ils devraient lutter à la fois contre les difficultés d'entreprises nouvelles et contre les dangers d'un climat insalubre.

Quels sont les moyens de culture et d'assainissement dans les endroits insalubres ?

(Question 4, § 2 du programme.)

Il y a dans la question agricole trois choses principales à observer :
1° La nature du sol ;
2° Ce qu'il produit ;
3° Ce qu'il est susceptible de produire.

En Afrique, la nature fait à peu près seule les frais de production ; il y aurait par conséquent une grande présomption à déterminer, sur la simple inspection de ce qui existe, tous les genres de cultures qui peuvent lui être appliquées, tous les genres de produits dont elle est susceptible.

Dans toute la Régence on est frappé au premier abord de l'état de nudité du sol; l'observateur pourrait l'attribuer à sa stérilité, s'il bornait son investigation aux massifs de montagnes et de collines qui bordent la côte; mais il devra rechercher d'autres causes pour les vastes plaines et les riches vallées que recèlent les accidens de cette nature si fortement tourmentée.

Sur les massifs, l'absence de haute végétation et le friche sont la règle, les plantations et la culture sont l'exception. Des broussailles de palmiers nains, le désespoir du cultivateur, de lentisques et autres arbrisseaux improductifs, attristent la vue qui s'attendait à trouver une riante nature dans ce climat favorisé; ce n'est que dans le voisinage des villes, et dans quelques vallées privilégiées seulement, que l'on rencontre cette végétation si vantée, qui paraît d'autant plus belle qu'elle est plus rare, qu'elle est plus rapprochée de la sévérité d'un sol abandonné presque partout à lui-même.

L'occupation française a porté la dévastation après elle, et les plantations que l'ignorance et l'esprit du gouvernement turc n'avaient pas détruites ont à peu près disparu des lieux où nous sommes les maîtres. Les environs d'Alger présentaient autrefois un aspect riche et varié; le luxe des constructions, celui des cultures et jusques aux broussailles incultes qui en déshonoraient les abords, tout répandait sur ce tableau le plus grand intérêt. De loin il paraît avoir échappé aux désastres de la guerre et révèle encore les ressources du sol, la magnificence de ses anciens maîtres et aussi leur indolence; mais ces nombreuses maisons de campagne, ces beaux jardins plantés d'orangers et de grenadiers, rafraîchis naguère par des eaux amenées à grands frais, ont bien réellement subi les conséquences de l'occupation militaire et du vandalisme de quelques spéculateurs; les ruines d'hier se relèvent à peine aujourd'hui, les plantations brillantes d'années et de richesse ne reparaîtront de long-temps, les fontaines et les bassins sont à sec maintenant.

A Bone il n'y avait pas d'habitations de plaisance dans la campagne, mais on y rencontre, surtout à Hippone, d'anciennes plantations magnifiques d'oliviers, de figuiers et de jujubiers.

A Bougie, la plaine paraît très riche de toutes sortes de cultures.

A Oran, le sol du massif est nu; il n'existe de grande végétation que dans les jardins de la vallée qui sépare la vieille ville de la nouvelle.

Il est à supposer, du reste, que si les arbres manquent en général, on le doit peut-être à l'habitude des naturels nomades de brûler tout ce qui s'élève, afin de faire place au fourrage qui leur est beaucoup plus utile que le bois.

Les plaines sont également dépouillées, à quelques oasis près qui sont distribués comme lieu de repos pour les voyageurs; leur beauté vient confirmer l'opinion que l'on a de la richesse du sol de ces plaines.

L'eau manque ici comme ailleurs sur presque tous les massifs de collines, mais les rosées abondantes peuvent en quelque sorte y suppléer pour les grandes cultures.

La couche de terre végétale n'y est pas épaisse, surtout à Oran, où elle n'a guère que vingt centimètres (sept pouces), terme moyen, sur un sous-sol de marne crayeuse ou de roche schisteuse. Elle est rougeâtre, ardente comme dans les terrains volcanisés, et susceptible de recevoir toutes les cultures qui réussissent ordinairement dans les terres calcaires, telles que celles du froment, de l'orge, du sainfoin, etc.

Le sol des plaines est d'une grande richesse; les plaines des environs de Bone tiennent le premier rang; rien n'y manque, qualité, profondeur et fraîcheur suffisante; viennent ensuite celles de Bougie et de la Métidja, sans cependant attacher à toutes les parties de cette dernière le mérite fabuleux que bien des illusions lui ont prêté. Cette richesse des plaines se conçoit facilement ; elles sont entourées de hautes montagnes qui, lavées par les pluies, se sont, dans la succession des temps, dépouillées en leur faveur ; elles se prêteront à un grand nombre de cultures.

On doit observer ici que dans les plaines de la Métidja près Alger, et de la Bougima près Bone, il faudra se résigner à de grands dangers de culture, en supposant même que ces plaines soient desséchées. Dans les pays chauds c'est une des conditions de bonnes terres que l'insalubrité, car la fermentation est d'autant plus active que le sol est fortement chargé d'humus. Toutefois le contact de l'air qui résulte de fréquens labours et les nombreuses plantations modifient toujours ce principe ; plus on cultivera, plus on assainira ; mais le premier coup de charrue sera dangereux, il le sera beaucoup.

Le sous-sol des plaines dans les parties que nous occupons est généralement siliceux à Bone, argileux ou calcaire à Alger, et calcaire à Oran.

Quel est l'état de la colonisation des essais de culture commencés ? Quelles sont les espérances, etc. ?

(Question 6, §§ 7 et 8 du programme.)

Les naturels ne connaissent pas encore d'autres cultures que celles des céréales, de quelques légumineux et de quelques fruits du pays (oranges, grenades, figues, etc.) ; l'occupation française a augmenté le nombre des productions agricoles, etc. Nous voyons aujourd'hui dans la Régence, outre le froment et l'orge, des fèves et féverolles, des haricots, des pois, un peu de maïs et quelques pommes de terre ; l'avoine manque ou à peu près ; c'est un grain du nord qui avorte au midi et dont on ne sent pas d'ailleurs le besoin.

La haute végétation consiste en oliviers, amandiers, grenadiers, figuiers, orangers, jujubiers, caroubiers, ormes, frênes, chênes, liége, chênes verts, chênes ordinaires, hêtres, platanes, blancs de Hollande, noyers, châtaigniers, mûriers et palmiers; on peut y joindre la vigne et aussi le cactus ou figuier de Barbarie. Voilà ce qui existe ; tout ce qui peut être dit sur le reste n'est que par induction.

Les plantes fourragères sont les graminées. Le sainfoin pousse naturellement dans les prairies un peu soignées.

En général, le sol de la Régence, bien qu'exposé à une latitude élevée, paraît plus propre à une végétation herbacée qu'à toute autre. Cela tient probablement à l'abondance extrême des rosées. Les plantes fourragères y atteignent une dimension extraordinaire ; les céréales prises à l'état de fourrage ont également une grande vigueur, mais elles résistent difficilement à l'épreuve de la *granification ;* la végétation, toujours si active tant que la molle température de l'hiver et du printemps existe, s'arrête tout à coup devant l'ardeur du soleil de juin ; le vent brûlant du désert dessèche la sève, et la nature faillit précisément à l'instant où elle devrait compléter son œuvre. Nulle part la commission n'a rencontré dans les terres qui venaient alors d'être dépouillées de leurs récoltes cette apparence d'abondance que généralement on suppose ; elle a pu remarquer dans certaines localités des grains que les chances de la guerre avaient fait abandonner sur pied ; le sol était évidemment excellent, et cependant les produits étaient maigres et inégaux. Il est vrai que la culture est dans l'enfance; une perche dans laquelle est fixée une espèce de soc en bois de hêtre est le seul instrument aratoire de l'Arabe ; deux bœufs ou deux mulets qu'il y attelle écorchent légèrement la terre en se glissant adroitement au milieu des buissons et des accidens que la nonchalance du laboureur a laissé subsister. Cela paraît suffire dans un sol d'une extrême facilité d'ameublissement à l'époque choisie pour les façons, cela paraît suffire dans un climat où les plantes aspirent autant de principes nutritifs à l'extérieur qu'à l'intérieur ; c'est ici aujourd'hui, c'est là demain, que cette faible contribution sera imposée à la terre ; la population, peu nombreuse, prend aux lieux où la nature veut bien lui accorder ses dons ; elle abandonne sans regret ceux où déjà épuisée elle devient moins prodigue. Tout système régulier y est ignoré, tout système améliorant l'est également ; l'Arabe sème et récolte, voilà où se borne chez lui toute la science agricole. Il n'existe dans la campagne ni établissement permanent, ni moyens d'utiliser les immenses ressources d'engrais que présentent les nombreux troupeaux qui couvrent le pays. Il ne faut donc pas s'attendre, avec les moyens actuels, à ces récoltes si vantées par les voyageurs ou les gens intéressés. On peut estimer aujourd'hui à 3, 4 et 5 semences pour une le produit de la culture en céréales. Il est certain qu'il pourrait être beaucoup plus considérable, et que généralement les terres de plaines pourraient lutter avec nos bonnes terres de France ; mais il faut pour cela que des colons sédentaires remplacent les tribus nomades ; il faut nécessairement introduire les méthodes européennes : c'est la condition *sine quâ non*.

Les colons européens, encore pénétrés des idées de France, ont cultivé comme les indigènes et n'ont pas été plus heureux qu'eux. Les mauvaises méthodes ont donné de mauvais résultats, et les mauvais résultats ont découragé les gens qui auraient été tentés de se livrer à la culture. Si jusqu'à présent on n'eût pas été sous l'empire des illusions, on eût compris que les meilleures terres de la Seybouse et de la Métidja devraient elles-mêmes subir les efforts de l'art agricole pour répondre à l'espoir du cultivateur, et l'on n'eût pas fait dès le principe les fautes énormes qui ont ruiné tant de gens. Deux colons seulement [1] ont obtenu des résultats satisfaisans (12 et 1/2 pour un), mais à l'européenne; il est vrai que cette méthode a été appliquée par eux à grands frais et hors de la portée du cultivateur ordinaire.

Un conseil à donner aux colons, conseil qui repose sur des expériences nombreuses déjà faites, est que la culture des céréales étant loin d'être la plus avantageuse, il faut la considérer comme un moyen et non comme le but de l'agriculture, qu'il faut se borner à produire la paille et le grain qui peuvent être nécessaires au pays, sans en faire un objet de spéculation étrangère, et qu'en tous cas il est convenable de confier cette production aux plaines fraîches et légères de la Métidja et aux bords des rivières. Partout où l'on cultivera les céréales, il faudra de profonds labours; avec un labour à fleur de terre comme celui des Arabes, les pluies abondantes noient la plante et le soleil la brûle ensuite; avec un labour profond, l'eau pénètre et l'humidité remonte ensuite vers la racine à l'époque des chaleurs. On pourra semer alors du blé blanc de Provence (*tuzelle*), qui est très productif et fait la meilleure farine, et laisser aux indigènes leur grossier blé dur, qu'ils sont loin encore de vouloir changer.

Quant aux cultures permanentes elles sont susceptibles d'atteindre le plus haut degré de prospérité; les arbres ont une vigueur miraculeuse, et l'on peut affirmer, sans plus de recherches, que la production de l'huile, de la soie, des oranges et du vin, par exemple, peut acquérir dans la régence un développement gigantesque.

Depuis long-temps la dévastation était l'état ordinaire; cependant on retrouve partout encore, et jusque dans les terrains les plus arides, des restes nombreux de la culture de l'olivier. Cet arbre paraît indestructible dans le pays,

---

(1) MM. La Croutz et Coupu.

toutes les natures de terrains lui sont propres. Livré aujourd'hui à l'état sauvage, on peut, à l'aide des simples ressources actuelles du sol, transplanter convenablement une grande quantité de rejetons et greffer les autres.

Des essais en grand de plantation et de greffes ont été faits sur l'olivier par plusieurs colons intelligens [1], et ils sont concluans; l'expérience prouve également [2] que l'on peut obtenir, à l'aide d'olives franches et de procédés convenables, d'aussi bonne huile qu'à Aix. L'indigène paraît ignorer l'art de la greffe; tous les oliviers sont sauvages et l'huile du pays est détestable.

Le mûrier, peu cultivé dans la Régence autrefois, y réussit cependant admirablement; les soins particuliers que la préparation de la soie exige étaient sans doute l'obstacle qui s'opposait à ce genre de production, si apprécié cependant chez les Orientaux; les vallées et les plaines lui conviendront de préférence.

Des plantations de mûriers ont été faites et présentent déjà des résultats étonnans; toutefois, ici comme partout, il faut préparer la terre avec soin; les plantations, ainsi que les céréales, sont chétives et sans vigueur lorsqu'elles sont confiées à la nature seule. S'il était possible de naturaliser à Alger l'espèce de ver à soie qui vit sauvage sur les arbres, on aurait vaincu l'une des plus grandes difficultés que nous ayons eues à combattre jusqu'à présent, les détails d'une éducation à l'intérieur.

Des essais ont été tentés cette année; malheureusement ils étaient sur une trop petite échelle, et les vers, livrés à la voracité des oiseaux, ont bientôt succombé. Néanmoins ils ont pu atteindre un développement de dix-sept jours, dont sept de pluie et deux d'orage, et il n'y a plus de doute que

---

(1) MM. Roche et Colombon.
(2) Par M. La Croutz.

si l'on prend à l'avenir quelques précautions, on obtiendra très facilement, et à peu de frais, une soie plus forte et bien plus belle que celle de France.

Cette méthode exige une tenue particulière de l'arbre, qui doit être taillé pour faciliter au ver le passage d'une branche à une autre. La même espèce de vers, élevée en même temps à l'intérieur, a montré beaucoup moins de vigueur.

Tous les arbres forestiers dont on a parlé auront dans la Régence le même degré d'utilité qu'en France; mais ils y viendront beaucoup plus vite en les plaçant dans les terres convenables; le peuplier sur les cours d'eau, le noyer dans les terres légères, le châtaignier partout, etc. Quant aux arbres fruitiers d'Europe, ils ne pourront jouer un grand rôle dans la colonisation; ils ne produisent en général que des fruits de mauvaise qualité, surtout les arbres à noyau.

Le pêcher, l'abricotier et le cerisier sont originaires d'Asie; ils devraient par conséquent réussir sous le ciel d'Alger; mais, long-temps exilés dans nos climats, ils s'y sont fortement naturalisés, et ils devraient subir aujourd'hui toutes les chances d'un nouvel acclimatement. Rien ne prouve jusqu'à présent, à en juger par le peu de sujets de cette espèce qui existent dans la Régence, et qui portent des fruits durs, rabougris et peu succulens, que l'on puisse obtenir un résultat bien satisfaisant.

Les produits du figuier, de l'oranger, du citronier, du grenadier et autres arbres de ce genre seront pendant long-temps encore plus utiles à la consommation du pays lui-même qu'à un commerce d'échange.

La culture de la vigne est ici très facile et peu dispendieuse; il serait peut-être possible d'en obtenir des vins précieux, tels que ceux de Malaga, Madère, etc.; mais il faudrait changer l'espèce de raisin, qui n'est cultivé que pour la table.

Les plantations d'arbres nous conduisent à faire une réflexion qui peut avoir son utilité. L'eau est une des principales conditions de succès agricoles en Afrique. C'est aux irrigations judicieusement faites que les plus grands produits sont accordés, toutes choses égales d'ailleurs ; or, on est frappé aujourd'hui de la nécessité d'une mesure de haute prévoyance qui puisse réparer dans l'avenir les désastres du passé. En général les pays boisés sont les mieux arrosés ; mais les divers massifs dont il a été question, et surtout les points élevés, sont aujourd'hui dégarnis de plantations, et de jour en jour le nombre des fontaines diminue ; ces massifs paraissent devoir être plus spécialement appropriés aux arbres de haute venue ; il est bien utile alors de protéger ce genre de culture ; ce sera un moyen de rappeler sur ces coteaux dépouillés les eaux que la dévastation en a déjà éloignées ; c'est également un moyen d'assainissement.

Après avoir passé en revue les cultures indigènes et le parti qu'on peut en tirer, il convient d'examiner jusqu'à quel point il est possible et avantageux d'introduire à Alger les cultures exotiques.

La Régence peut, dit-on, produire du sucre, du café, du coton, de l'indigo, de la cochenille, du chanvre, etc. Le sucre et le café, parce que nous, Européens, nous trouvons la température élevée à Alger ; le coton, parce que l'Égypte en produit dans le voisinage ; l'indigo, parce que les naturels ont fait des essais incertains et grossiers ; la cochenille, parce que le cactus a une végétation très vigoureuse et qu'il y a une grande analogie entre ce climat et ceux où elle prospère, et tout ainsi par induction, sans que l'expérience ait pu, jusqu'à présent, justifier d'une manière absolue les espérances que l'on pourrait concevoir à cet égard.

Le sucre et le café.

Mais on oublie d'observer que les influences atmosphé-

riques ne sont pas les mêmes aux mêmes latitudes, et qu'elles ont, ainsi que l'influence du sol, une puissance de vie et de mort sur les plantes. Le sol de la Régence a son genre de richesse ; gardons-nous de vouloir lui en attribuer légèrement de nouvelles. Le sucre est productif aux Antilles, il ruine le colon à Bourbon ; le café a des qualités supérieures à Moka, il est médiocre au Brésil ; la température indispensable n'est donc pas toujours une condition absolue de succès, et d'ailleurs le ciel d'Alger est encore loin de celui du tropique ; les variations de l'atmosphère y sont vives et fréquentes ; elles peuvent être long-temps funestes à des plantes exotiques, avant que les efforts de l'industrie soient parvenus à les acclimater.

Mais en considérant la question sous le rapport du sol, on verra de même qu'elle est encore loin d'être résolue ; le sol peut présenter quelque analogie sous des climats différens, mais il est positif que, malgré cette analogie, sa propriété peut être grandement modifiée par diverses causes qu'il n'est pas toujours possible d'apprécier. La combinaison parfaite de la nature du sol et de la température est de rigueur, et pour prouver combien cette assertion est vraie, combien il faut de prudence, on dira qu'au cap de Bonne-Espérance, qui est à peu près à la même latitude qu'Alger, on a essayé la culture du café, qui séduit par sa facilité ; l'arbre y a réussi merveilleusement, mais il ne porte pas de fruits, ou bien, lâches et inertes, ils n'arrivent pas à maturité.

Tout porte à croire que la partie sucrée de la canne ne serait pas assez abondante à Alger ; c'est pour cette raison que les essais tentés en Égypte, en Italie, en Corse et en Espagne, ont été infructueux. La canne à sucre a également été cultivée à Alger, mais comme fourrage pour les chevaux ; il en existe même au jardin d'acclimatement trois assez beaux pieds qui ont été trouvés à l'état sauvage dans le pays ; plantés au mois d'avril 1833, ils ont déjà acquis au mois de novembre une assez belle dimension; toutefois, elle n'a rien de remarquable, bien que le terrain, parfaitement préparé, soit de la plus grande richesse.

On peut ajouter à ce qui vient d'être dit qu'aux Antilles la canne à sucre donne jusqu'à douze récoltes sans être renouvelée, c'est-à-dire qu'elle vit douze ans, et qu'à Bourbon elle n'en donne que trois, dont même la dernière est mauvaise. C'est probablement au sol qu'il faut attribuer cette différence énorme; mais, quelle qu'en soit la cause, on comprend pourquoi cette industrie, qui exige des frais immenses en main-d'œuvre, en usines et en établissemens de tous genres, languit dans un lieu et prospère dans un autre; on en conclut que, pour le sucre et le café, toutes les causes de prospérité doivent être clairement démontrées, clairement prouvées avant de se livrer à cette industrie, et l'on pense qu'elles n'existent pas dans la Régence, sinon en raison de la qualité du sol, au moins en raison du climat et des difficultés matérielles de culture.

Coton.

Le coton, cultivé dans les plaines fraîches et d'une irrigation facile, paraît destiné dans la Régence aux plus grands résultats; quelques essais sont venus confirmer cette opinion, surtout ceux du jardin d'acclimatement et de deux colons (MM. Villeret et Giraud); *toutefois*, ils n'ont été tentés que sur une petite échelle, et comme ils n'ont pas été souvent répétés, ils ne suffisent encore qu'à donner une espérance, très fondée sans doute, mais qui n'équivaut pas à la certitude complète que l'on voudrait avoir de suite.

Le sol et le climat se prêtent parfaitement à ce genre de culture et elle mérite ici la plus sérieuse attention; car, pour soutenir la concurrence dans l'état actuel de l'industrie, il faut non-seulement que la France s'attache à perfectionner les procédés de manufacture, mais encore à se procurer la matière première au plus bas prix possible ; or, le voisinage d'Alger devra singulièrement influer sur les frais de transport et nous donner un avantage qui, tout faible qu'il sera, ne doit pas être dédaigné [1].

C'est la plante herbacée seule qui jusqu'à présent a servi aux expériences des colons ; l'arbuste serait sans doute plus avantageux, à produit égal, en ce qu'il exige moins de frais de culture, puisqu'il est vivace et ne doit être renouvelé que tous les huit ans, tandis que le coton herbacé ne dure guère qu'un an ou rarement deux. Quelle que soit, en tous cas, l'espèce à laquelle on s'attachera, il sera indispensable de se procurer des graines de bonne nature ; il n'y en a que de très douteuses à Alger, et celles de la Louisiane, de Fernambouc et d'Égypte, paraissent préférables à toutes les autres.

Indigo.

L'indigo cultivé par les naturels est de mauvaise qualité ; les colons éclairés croient qu'il est susceptible d'une grande amélioration quant au principe colorant, mais l'expérience n'a pas encore démontré ce qu'il y a de fondé dans cette opinion, ou du moins les essais tentés jusqu'à ce jour ont été accompagnés de circonstances tellement favorables qu'on ne peut en tirer de conséquences absolues, si ce n'est que cette culture exige un choix minutieux de sol et d'exposition, beaucoup de soins et de manipulation, dont il sera difficile de couvrir les frais en Europe, avec le produit de la plante ; sous ce rapport et sous celui de la qualité, il ne paraît pas probable que l'on puisse lutter avec l'indigo de l'Inde.

---

(1) Tout le monde sait que la navigation française est plus chère que toutes les autres, et qu'à distances égales nous ne pouvons lutter avec nos concurrens.

Cochenille. — Garance.

Quant à la cochenille, les essais tentés jusqu'à présent par les colons n'ont pas été heureux ; cela paraît tenir, au surplus, à la négligence et à l'infidélité de leurs agens, et peut-être au mauvais choix de l'espèce importée de Cadix, où elle est déjà abâtardie.

Un nouvel établissement fondé par le Gouvernement depuis quelques mois a déjà reçu tous les développemens dont il est susceptible ; il se compose d'une plantation en pleine terre de cactus cochenilifères, d'une étendue d'un hectare environ, située dans l'ancien jardin du dey au bord de la mer, et d'une autre plantation dans une cinquantaine de caisses abritées par un hangar et dans le même lieu. Cette dernière est destinée à conserver un fonds d'insectes pour garnir au printemps les cactus du dehors, dans le cas où les pluies et les contre-temps d'hiver auraient fait périr ceux de la ponte d'automne.

Cet établissement est bien tenu ; tous les cactus des caisses sont couverts d'insectes qui, nés depuis trois mois, soit en Espagne, soit dans la traversée, soit depuis, sont presque tous arrivés à la dernière période de leur éducation ; déjà les cactus du dehors ont reçu la ponte des cochenilles les plus avancées.

On estime que l'on pourrait faire deux ou trois récoltes d'été et quelquefois une en hiver ; les principaux frais étant faits aujourd'hui, on dépensera dorénavant 1,500 francs par an ; mais il est difficile d'apprécier la valeur des produits.

Tout porte à croire que cette culture, entreprise par l'industrie particulière, ne serait pas avantageuse ; le climat d'Alger est moins favorable que celui d'Amérique ; cette circonstance nécessiterait des soins plus recherchés et nuirait peut-être au principe colorant; il en résulterait une augmentation de frais, une dépréciation dans la qualité, et par suite l'impossibilité de soutenir la concurrence. D'ailleurs la cochenille n'est plus recherchée pour le commerce; en style technique, elle n'est pas bon teint, et il sera bien plus convenable de lui préférer la garance, dont l'emploi s'est considérablement étendu et dont la culture doit réussir dans la Régence, si l'on en juge par ce qui existe à Tunis.

Chanvre.

Le chanvre, cultivé en petite quantité dans des lieux choisis, a réussi jusqu'à présent; l'avenir seul prouvera si cette culture, faite en grand, sera profitable; le sol des plaines lui conviendra de préférence; mais, quelque part qu'on le porte, il est à craindre que le brin ne soit gros, sec, et par conséquent de qualité médiocre; dans ce moment c'est le nord de l'Europe qui nous fournit les chanvres dont nous avons besoin; il serait bien avantageux pour le commerce et pour nos ports de la Méditerranée qu'une partie de nos approvisionnemens en ce genre pût se faire à Alger.

Tabac.

Le tabac n'a été jusqu'à présent que d'une qualité très secondaire; mais sa végétation est vigoureuse en Afrique, et si l'on en juge par le succès de quelques colons, on peut croire que cette plante est susceptible de grands développemens. On doit sans doute attribuer à la mauvaise espèce de graines l'incertitude des résultats; il serait convenable de se pourvoir à cet égard en Egypte ou en Amérique.

Riz.

Le riz dur ne réussit pas; on suppose que le riz tendre

(humide), qui exige une exposition où les irrigations soient faciles, serait très productif dans les parties basses des plaines.

Pomme de terre.

La pomme de terre, ignorée avant nous à Alger, n'y est pas aussi savoureuse qu'en France. Toutefois elle a été cultivée avec soin dans la plaine de Moustapha et au village de Couba, et elle y est parvenue à un assez haut degré de perfection.

Légumineux.

Les légumineux, presque tous également importés par nous, réussissent dans la Régence aussi bien que dans les parties de la France les plus favorisées, et de plus ils peuvent fournir jusqu'à huit récoltes par an, en se soumettant à toutes les conditions d'irrigation ; l'hiver est moins un obstacle que l'été à l'abondance des produits.

Le Maïs.

Le maïs, qui se cultive avec grand succès dans les pays chauds et les terrains frais, pourra trouver avantageusement sa place dans les plaines de la Régence ; il y sera aussi productif qu'en Italie.

Plantes fourragères.

On a déjà dit combien le climat et le sol sont favorables à la végétation herbacée ; on pourra donc se livrer avec toute confiance à la culture des plantes fourragères si utiles partout. Les Arabes ne connaissent pas l'usage du foin ; jamais ils ne fauchent, et comme ils ne prennent que ce que la nature leur donne spontanément, les mauvaises herbes croissent en abondance dans toutes les prairies; mais il est facile de les nettoyer, et de plus on peut créer d'excellentes prairies artificielles. L'intelligence de l'agronome le dirigera dans le choix des localités où il conviendra d'appliquer la culture de telle ou telle espèce de fourrage; le sainfoin paraît en première ligne, viennent ensuite la luzerne, le trèfle, les vesces, etc.; toutes les espèces de fourrages pourront être cultivées dans la Régence; on indiquera, comme moyen de succès sur les lieux élevés, des plantations d'arbres à de grandes distances et la prairie dessous; la fraîcheur entretenue par les arbres sera favorable au développement de la plante qui ne pourra souffrir de ce voisinage.

Quelques colons, découragés de la culture des céréales, ont laissé croître ainsi le fourrage et en ont retiré bien plus de revenu que de leurs grains.

Vouloir rechercher la principale richesse d'Alger dans la production des denrées coloniales serait également une grosse erreur; la France se les procurera probablement long-temps et peut-être toujours à meilleur marché qu'en s'attachant à les produire elle-même; et en supposant que des circonstances qui ne sont pas improbables vinssent nous priver de nos faibles colonies; en supposant, ce qui n'est pas impossible, que la guerre nous empêchât de nous pourvoir de denrées coloniales à l'étranger, il est douteux que la chose fût beaucoup plus facile avec Alger; mais en tous cas l'industrie, éclairée par l'expérience, saurait bien alors tirer parti du sol; elle saurait bien y appliquer le genre de culture qui lui conviendrait le mieux et qui se trouverait le plus en rapport avec les besoins de la métropole; elle ne demanderait pour cela que protection et appui.

Une circonstance grave n'a pu échapper à l'observation de la commission, c'est la cherté de la main-d'œuvre.

Il est difficile qu'il en soit autrement dans un commencement de colonisation ; mais il est bien à désirer que cette difficulté soit promptement levée, car ce n'est pas tout de produire pour faire des échanges, il faut produire à bon marché.

Si les naturels étaient plus intelligens, plus forts, ou plutôt s'ils étaient civilisables, on n'éprouverait pas cette disette de bras, cette grande difficulté de travail.

Les Européens, plus propres à nos travaux, sont rares et se font chèrement payer. Les naturels sont peu laborieux et maladroits; ils ne veulent rien faire à la tâche; et dans ce pays où tout est conjectural pour le cultivateur, les frais de main-d'œuvre sont énormes, et s'il a le courage d'entreprendre, il est dans la nécessité d'acheter l'expérience à un prix trop élevé.

Les Européens supportent parfaitement le travail à Alger; il suffit d'en changer les heures et d'en approprier le choix aux exigences du climat.

Le prix de la journée d'un Européen est de 2 fr. 50 c. à 5 fr. ; celle d'un indigène, qui fait cinq fois moins d'ouvrage, est de 1 fr. 50 c. à 2 fr. 50 c. ; et avec des déboursés aussi considérables il est impossible de faire de l'agriculture, ou bien il faudrait que les denrées fussent portées à un prix exorbitant.

Le blé vaut aujourd'hui à Alger six boudjous la mesure de 14 kil., autrement dit 10 boudjous ou dix-huit francs l'hectolitre ; c'est fort cher, mais c'est encore loin d'indemniser le producteur européen.

La culture seule des légumes peut, dans l'état actuel, supporter cette excessive cherté de main-d'œuvre. Un hectare de jardin bien soigné peut, dans les localités favorisées, rapporter 2,000 fr. par an.

Quant à la culture des arbres, le fardeau paraît d'autant plus lourd qu'elle ne présente encore aucun produit.

Tel est à peu près le cercle dans lequel se renferment les ressources agricoles de la régence d'Alger ; cependant on peut encore y rattacher quelques autres produits indirects.

Tout doit être attentivement observé en agriculture, et le choix des animaux propres à la culture n'est pas une des choses les moins importantes.

Le cheval, excellent dans presque toutes les parties de la Régence, est encore bien loin d'avoir toutes les qualités du cheval arabe pur; il n'est propre qu'à la selle et à porter de légers fardeaux. Le mulet a en Afrique le même degré d'utilité qu'en Europe ; il est propre à tout, mais il est rare.

Le bœuf est très commun; c'est généralement lui que l'on emploie au labour, mais l'espèce en est singulièrement abâtardie.

L'amélioration de cette branche si importante de la fortune agricole appelle le concours du gouvernement, qui pourrait envoyer dans la colonie des taureaux pris dans les montagnes d'Italie.

Le chameau, si utile pour le transport de lourds fardeaux, est complètement impropre au service de l'agriculture.

Les agriculteurs expérimentés recommandent à Alger, comme partout ailleurs, l'éducation des *bestiaux*, comme le nerf de toute bonne agriculture ; non-seulement elle y sera très avantageuse par le bénéfice direct de la vente assurée pour long-temps, et peut-être pour toujours, mais encore par le bénéfice indirect des engrais.

CONCLUSION.

La conclusion de tout ce qui précède est que, dans son état actuel, la colonie ne produit encore que très peu de chose; que les cultures de tous les climats ne conviennent probablement pas à la Régence; qu'il faut préférer celles d'Europe et y ajouter le coton; qu'il convient de mettre une extrême réserve dans la culture des céréales, surtout sur les parties élevées où elles épuiseront les ressources du cultivateur et le récompenseront rarement de ses efforts; qu'il faut donner un grand développement à la production des fourrages, et par conséquent à l'éducation des bestiaux; un plus grand développement encore à la plantation, sur les massifs de collines et de montagnes, dans les vallées et même dans les plaines, d'arbres fruitiers et forestiers, à la tête desquels il faut placer l'olivier, le mûrier, l'amandier, le chêne, etc.

Si le cultivateur ne s'attache qu'à la production des céréales, sa terre n'acquerrera pas une bien plus grande valeur de vente; il en sera bien autrement s'il a planté des oliviers et des mûriers, il attendra quelques années, il est vrai (10 ans depuis le semis, 6 ou 7 ans depuis la greffe); mais la fortune est au but; et d'ailleurs, si le terrain n'est pas complètement rebelle, il pourra être disposé, ainsi qu'on l'a déjà dit, soit pour les fourrages, soit même pour les céréales qu'il produira dans l'intervalle des plantations, sans leur nuire, et même à leur avantage.

La plus grande liberté doit être laissée à l'industrie agricole; toutefois le devoir du gouvernement sera de l'éclairer et de provoquer de préférence les productions susceptibles d'être échangées contre celles de la métropole, et non d'entrer en concurrence avec elle. C'est pour cette raison qu'il serait prudent que la vigne, dont les produits encombrent déjà la France, ne fût cultivée à Alger que pour le commerce du raisin sec et la consommation ordinaire du fruit dans le pays. Le Gouvernement ne peut sans doute y apporter d'empêchement direct, mais il ne doit pas la favoriser, et il serait bon même que tous les vins fournis à l'armée par l'Etat fussent importés de France.

Une des mesures qui doivent concourir le plus efficacement au développement des cultures permanentes est la création de pépinières et d'un jardin d'essai.

S'il fallait que des colons qui arrivent dans un pays neuf dussent se pourvoir en Europe de plants d'arbres ou de graines, ou créer eux-mêmes à grands frais des pépinières et des jardins d'acclimatement, il est probable qu'il ne se ferait que peu ou point de plantations, et que tout le reste irait fort mal.

On recommande donc l'entretien dans la Régence d'un jardin destiné à faire, pour les colons, les frais d'expérience qui ruinent ordinairement les particuliers, à importer et à élever toutes les espèces d'arbres propres au climat, toutes les plantes utiles à l'agriculture, de manière que le colon puisse trouver sous sa main les plants d'arbres tout acclimatés et les graines qui lui seront nécessaires.

Quel est l'état du jardin d'acclimatement? — Des essais de culture commencés.

(Question 6, § 7 du programme.)

Il existe déjà un jardin d'acclimatement à Alger; il contient 4 à 5 hectares et va recevoir une nouvelle concession de 21 autres hectares. L'emplacement est bien choisi, à l'extrémité de la plaine de Moustapha, sur le bord de la mer, et à trois quarts de lieue de la ville, ce qui lui promet de grandes facilités d'engrais ; le sol est riche et léger, la culture en sera relativement peu coûteuse.

Dans son état actuel, ce jardin, cultivé seulement depuis le mois d'avril 1833, présente déjà, au mois de novembre, une apparence étonnante; on y trouve entre autres 13 mille pieds de pourettes de mûrier blanc, mais seulement 376 pieds d'oliviers (on en attend de France sept milliers de plants de semis, et le terrain est prêt pour les recevoir); le tout est dans le plus parfait état de végétation et de tenue.

Il a fallu faire des travaux préparatoires considérables, mais ils ont été judicieusement ordonnés, et il aurait été impossible de mieux faire.

Ce jardin a coûté 20,000 fr. en 1833; cette somme a dû faire face à tous les frais de premier établissement et paraît avoir été insuffisante. En effet, il a fallu faire de grands défoncemens, des nivellemens et autres travaux préparatoires indispensables; il a fallu en outre construire de petits logemens pour le principal jardinier et quelques hommes de peine; mais si l'on veut perfectionner cette œuvre et en retirer tout le fruit qu'on a le droit d'en attendre, il faut travailler sur une bien plus grande échelle et se soumettre de suite à tous les sacrifices nécessaires pour n'avoir plus à en faire bientôt.

Les demi-mesures sont ruineuses en cela comme en d'autres choses, parce qu'elles ne conduisent à aucun résultat.

Si des envois de plants d'arbres arrivent de France, il faut au moins qu'ils trouvent la terre prête à les recevoir, et dans ce cas, l'ajournement d'une dépense, que l'on a l'intention de faire tôt ou tard, aboutirait à la perte des premiers frais, puisque les plants périraient.

Il sera également indispensable de faire de nouvelles constructions, car il n'y a dans ce moment qu'une petite maison en planches avec un abri à côté, ce qui est complètement insuffisant.

Nous avons déjà signalé la faible importance des produits actuels de la colonie; on doit aussi joindre incidemment ici quelques observations sur l'état de l'agriculture des Arabes, sous le rapport de l'assistance qu'elle pourrait donner dans la consommation de la nouvelle population de la Régence.

Les indigènes, voisins de nos établissemens, sont bien plus libres aujourd'hui qu'ils ne l'étaient autrefois ; ils ne paient aucun impôt, ne subissent aucune avanie ; ils pourraient donc produire beaucoup plus qu'ils ne produisaient sous la domination des Turcs ; mais, abandonnés à leur insouciance naturelle, incertains d'ailleurs sur les résultats de notre occupation à leur égard, pressés par les tribus plus éloignées qui sont dans un état permanent d'hostilité contre nous et contre tous ceux qui entretiennent des relations avec nous, ils suffisent à peine à pourvoir à nos besoins journaliers de détail. Le commerce de blés du pays nourrit tout au plus les naturels des villes, et à l'exception du bétail dont l'approvisionnement n'est même pas assuré partout, c'est de l'Europe qu'il faut tirer en grande partie ce qui est nécessaire à la colonie.

Il est certain d'ailleurs que, quels que soient les moyens d'approvisionnement qu'on puisse supposer aux indigènes, la source en tarira pour nous le jour où un événement quelconque leur fera espérer que notre départ pourrait être la conséquence de leur abandon ; et si des chances de guerre nous conduisaient à laisser prochainement la Régence livrée à ses propres ressources, il est douteux qu'elle pût résister à cette épreuve.

Tous les intérêts nous sont hostiles en Afrique, soit directement, soit indirectement ; Tunis, Maroc, l'Atlas, tout le pays jusqu'à nos avant-postes, et quelquefois plus près encore. L'Arabe à peine contenu relèverait la tête ; il nous enlacerait dans nos forteresses, tout nous manquerait à la fois, la France, l'Afrique elle-même ; et alors toutes les conséquences sont faciles à prévoir.

C'est sur nous seuls, sur nos propres moyens que nous

devons uniquement compter ; hâtons-nous donc de les développer, et, pour cela, profitons de l'instant de répit que les passions humaines donnent encore à notre vieille Europe ; élargissons le cercle de notre occupation, de telle sorte que, sans nous affaiblir, sans nous étendre inutilement, nous puissions donner l'essor à notre industrie agricole, qui parviendra bientôt à suffire à tous les besoins de la colonie.

EXTRAITS DES RAPPORTS

PRÉSENTÉS

PAR MM. LES COMMISSAIRES

SUR

LA QUESTION MILITAIRE,

Les travaux publics, l'organisation de l'ordre judiciaire, les biens domaniaux, les fondations pieuses, les douanes et la marine.

QUESTION MILITAIRE.

(M. le général BONNET, rapporteur.)

Sous le rapport militaire la France peut tirer de grands avantages de l'occupation de la Régence. Elle y trouve des places fortes, des rades excellentes, au moyen desquelles elle pourrait appuyer des opérations militaires dans tout le midi de l'Europe. La ville d'Oran et la rade de Mers-el-Kébir sont particulièrement d'une grande importance, en raison de la proximité de Gibraltar ; en outre, l'armée de terre et la marine trouveront dans l'occupation une excellente école pour former les officiers et les soldats.

A Alger, nous occupons avec une certaine sécurité tout le massif jusqu'à la Métidja, c'est-à-dire environ huit lieues de long sur quatre de large, terme moyen. Nos principales positions sont les quatre camps retranchés de Dely-Ibrahim, Tixeraïn, Birkadem et Kouba ; plus, en hiver, la maison carrée et quelques blockaus entre ces divers postes. Les troupes se trouvent ainsi réunies sans avantage, car, elles ne peuvent ni protéger, ni utiliser ce qui est devant elles. Le point essentiel est la sécurité de la Métidja, la protection pour nos amis et la force contre nos ennemis, et l'on ne peut atteindre ce double but qu'en franchissant la plaine, sans cependant abandonner les camps, et en se plaçant au pied de l'Atlas, loin de l'influence pestilentielle des marais, au-delà de nos amis et en présence de nos ennemis [1].

On prendra position à Sidi-el-Ferruch sur le bord de la mer, à l'ouest ; c'est un appui pour l'intérieur et une grande défense contre l'extérieur ; on s'établira à El-Coléha sur le Mazafran, du même côté, ou plutôt à la ferme de l'Aga au pied de l'Atlas, sur la route de Bélida à Médéha. Cette position observe mieux les tribus qui se sont montrées hostiles ; elle étend son influence sur un terrain plus fertile ; ce serait un nouveau pas fait vers une occupation plus étendue. El-Coléha est protégée par sa qualité de ville sainte ; elle n'a aucune importance militaire ; une route ouverte dans cette direction en assurera d'ailleurs la possession.

On occupera également Bélida, au midi, et El-Cadra, à l'est, sur la rive gauche de la Hamise ; on s'étendra vers la mer de ce côté jusqu'à la Rassanta.

Bélida proprement dit n'offre pas plus de ressources d'occupation que El-Coléha ; la ville est commandée, mais elle servirait de point d'appui.

A El-Cadra tout est à faire la Rassanta pourrait à peu de frais être appropriée à l'établissement d'une garnison. Tous ces points principaux seraient liés entre eux par des blockaus, des maisons crénelées ou de petites tours ; ils formeraient notre ligne la plus forte afin de se trouver en mesure contre les hostilités extérieures, sans avoir recours aux forces de l'intérieur.

(1) Il y a dans la Métidja dix-neuf tribus, parmi lesquelles trois sont très puissantes et souvent hostiles ; les Hadjoutes, les Bénimoussa et les Krachna.

Il est probable que l'on pourrait confier aux tribus amies la garde des postes intermédiaires, puisqu'ils seraient établis autant dans leur intérêt que dans le nôtre; trente hommes suffiraient pour chacun. Le mode de construction serait tel qu'en cas de défection deux pièces d'artillerie pussent en peu d'heures détruire le poste et ses défenseurs [1].

A Bône les mêmes considérations stratégiques et politiques nous feraient prendre position sur le mamelon du lac Fetzara, à droite, sur celui de Si-Danden, au centre, et vers la mer, à l'est, sur la Maffrag; tout est à créer partout. On occuperait également les mamelons d'Hyppone, en dedans de cette ligne, et le fort Génois, de l'autre côté de la ville.

A Bougie la position de la place est formidable, quelques petits postes avancés suffiraient provisoirement.

A Oran la position étant essentiellement militaire et ne pouvant de long-temps être agricole, elle appellera toute l'attention de l'art pour en perfectionner la défense. Cette défense sera facile en rétablissant quelques ouvrages détruits par les Espagnols, en se portant à une petite distance de la place, dans quelques blockaus ou maisons crénelées, et en construisant une route et de petits fortins pour établir une communication facile entre la ville et la citadelle de Mers-el-Kébir.

Mostaganem et Arzew sont des positions politiques à l'égard des indigènes; leur défense actuelle peut être améliorée à peu de frais; mais la marine leur doit une protection toute particulière, car elles ne pourront de long-temps être ravitaillées par terre.

Cela posé, il conviendrait de déterminer ainsi qu'il suit le nombre des troupes de toutes armes destinées à l'occupation de ces divers points:

---

[1] Les naturels n'ayant pas d'artillerie, nous ne craindrions rien de leur part. Ils n'ont jamais su prendre un blockaus.

A Alger.	15,000 hommes.
A Oran	4,700
A Bone	5,400
A Bougie	3,000
Total	28,100

Il faut donc aujourd'hui, pour occuper la Régence, 28,100 hommes qui coûteront à raison de 800,000 francs par 1,000 hommes, proportion des natures d'armes gardée, 24,480,000 fr.[1], y compris tous les accessoires du pied de guerre, tout le surcroît de dépense occasionné par la nécessité momentanée de tirer à peu près tous les approvisionnemens d'Europe; y compris aussi la consommation du matériel, les premières mises des hommes, etc.

On terminera en exprimant le désir de voir admettre dans les rangs de l'armée des corps de cavalerie indigène. Cette admission aurait pour nous des avantages qu'il est facile d'apprécier. Elle favoriserait d'une manière efficace l'affermissement de notre autorité par la nature des relations qu'elle tendrait à établir avec les indigènes et nous fournirait de vaillans soldats, connaissant les localités, faits au climat et surtout fort utiles pour la garde des positions qui ne présentent pas pour nous les conditions de salubrité désirables.

L'expérience vient à l'appui de cette opinion. En 1831 l'escadron de chasseurs Algériens, formé en grande partie d'Arabes, a rendu d'éminens services sous les ordres d'un chef français; et le corps de 300 indigènes, commandés à Bone par Youssouf, mérite les plus grands éloges. On encouragerait ainsi l'étude de la langue du pays parmi les offi-

---

(1) Un régiment d'infanterie de 2,489 hommes coûte 1,035,640 francs.

Un régiment de cavalerie de 856 hommes coûte 868,055 francs, plus les frais de remonte.

Un régiment de génie de 2,298 hommes coûte 1,214,467 francs.

Un régiment d'artillerie de 1,441 hommes coûte 1,423,716 francs.

ciers, ce qui pourrait être de la plus grande utilité dans nos relations diplomatiques, vu l'infidélité presque générale des interprètes ordinaires.

TRAVAUX PUBLICS.

(M. le général MONFORT, rapporteur.)

Les travaux à exécuter sont de deux sortes : ceux qui sont destinés au développement de la colonie et ceux qui doivent la garantir des attaques de ses ennemis indigènes ou étrangers.

Ce sont donc : les fortifications permanentes et passagères, soit dans les villes, soit au pied de l'Atlas, soit dans tous les points désignés au rapport militaire ; le complément des établissemens militaires et civils, les divers camps, les routes stratégiques et autres, les places, les marchés, les fontaines, les aqueducs, les travaux à la mer, tels que curage et construction de ports, quais, etc., le desséchement des marais de la Métidja et de Bone.

Le devis estimatif de ces travaux, devis qui repose sur l'expérience de ce qui a été fait jusqu'à présent, établit la dépense ainsi qu'il suit :

A Alger, en travaux de première nécessité, y compris 1,500,000 fr. pour la Métidja,
ci. . . . . 10,880,000 fr.

Id. de 2ᵉ nécessité. .		4,880,000 fr.
A Oran, 1ʳᵉ nécessité	4,360,000	
Id. 2ᵉ id.		1,200,000
A Bone, 1ʳᵉ nécessité, y compris les marais.	2,570,000	
Id. 2ᵉ id.		1,800,000
A Bougie, 1ʳᵉ nécessité.	3,000,000	
Total	20,810,000 fr.	7,880,000 fr.

La commission s'est posée la question suivante :
Par quelles mains les travaux seront-ils exécutés ?

En principe, elle a été d'avis qu'on doit faire concourir les troupes aux travaux d'utilité publique, mais qu'il est juste de leur accorder une haute-paie ; qu'il est convenable de les employer de préférence aux travaux salubres, et indispensable d'éviter tout contact avec les condamnés.

On doit aussi employer les compagnies de discipline, mais séparément des troupes et des forçats.

Enfin, on peut, sans changer le caractère de la peine, exiger des condamnés aux travaux forcés en France leur concours à l'exécution des travaux publics en Afrique ; on le peut avec aussi peu de périls pour la société qu'en France. Il est à espérer qu'avec des modifications dans le régime, des soins hygiéniques, des encouragemens et des récompenses pour le travail, il y aura avantage pour les forçats eux-mêmes.

Dans un avenir peu éloigné les travaux de la colonie doivent s'élever à 21 millions environ (y compris le dessèchement de la plaine de la Métidja), et plus tard, peut-être, à 29 millions et même à 35, si l'on construit des ports à Oran et à Bone ; il sera donc convenable de faire concourir à leur exécution tous ces différens moyens, chacun à sa place[1].

---

[1] Les travaux de première nécessité d'Alger, Bone et Oran peuvent être faits en six ans, c'est-à-dire par sixième, et ceux de Bougie et de la Métidja par cinquième, ce qui fera une dépense annuelle de 594,000 francs.

PROJET D'ORDONNANCE

POUR

L'ORGANISATION DE LA JUSTICE

DANS LES POSSESSIONS FRANÇAISES

SUR LA COTE SEPTENTRIONALE D'AFRIQUE.

(M. Laurence, rapporteur.)

TITRE PREMIER.
ORGANISATION DES TRIBUNAUX.

Article premier.

La justice est administrée au nom du roi dans les possessions françaises sur la côte septentrionale d'Afrique par des tribunaux français et des tribunaux indigènes, selon les distinctions établies par la présente ordonnance.

Art. 2.

La magistrature française se compose d'un président, sept juges, un procureur général, quatre substituts, tous nommés par le roi. L'ordre de service entre eux et la composition des divers siéges sont réglés par les dispositions suivantes.

Art. 3.

Les tribunaux sont :
Un tribunal de première instance établi dans chacune des villes d'Alger, Bone et Oran.

Un tribunal de commerce établi à Alger.

Un tribunal supérieur et un tribunal criminel, tous deux siégeant à Alger.

Art. 4.

Le ressort du tribunal supérieur et celui du tribunal criminel embrassent la totalité des possessions françaises.

La juridiction de chacun des tribunaux d'Alger, Bone et Oran s'étend sur tous les territoires occupés dans chacune de ses provinces, et jusqu'aux limites qui seront déterminées par un arrêté spécial du gouverneur.

Art. 5.

Le tribunal de première instance d'Alger se compose de deux juges, d'un substitut du procureur général, et d'un greffier.

L'un des juges prononce en dernier ressort sur toutes les causes civiles dans lesquelles la demande est d'une valeur au-dessous de 1,000 francs, et sur toutes les autres causes à la charge de l'appel devant le tribunal supérieur, à moins que toutes les parties ne consentent formellement à être jugées en dernier ressort. Le second juge connaît de toutes les contraventions de police en dernier ressort et de toutes les autres contraventions, ainsi que des délits, à charge d'appel devant le tribunal supérieur. Il est aussi chargé de l'instruction des affaires criminelles.

Art. 6.

Les deux juges du tribunal de première instance d'Alger remplissent, chacun selon la nature de ses attributions, les diverses fonctions que les lois confèrent en France aux juges de paix.

L'appel des jugemens qu'ils rendent dans les matières de

la compétence des juges de paix est porté au tribunal supérieur. Il n'est reçu que dans les limites établies dans l'article précédent.

Art. 7.

Les tribunaux de première instance de Bone et d'Oran sont composés chacun d'un juge, d'un substitut du procureur général et d'un greffier.

Le juge dans chacun de ces siéges réunit les attributions énumérées aux articles 5 et 6 ; il connaît aussi des affaires de commerce.

Il juge en dernier ressort les indigènes prévenus de contraventions et délits, et de crimes contre lesquels la loi ne porte pas une peine supérieure à celle de la réclusion.

Il connaît, à la charge d'appel, des autres crimes commis par les indigènes, sauf l'exécution de l'article 29 ci-après.

Art. 8.

Le tribunal supérieur est composé d'un président, de trois juges, d'un procureur général, d'un substitut et d'un greffier.

Il connaît de l'appel des jugemens rendus en premier ressort par les juges de première instance ou de commerce, et par les cadis, dans les cas ci-après déterminés.

Art. 9.

Le tribunal supérieur se constitue en tribunal criminel pour juger toutes les affaires qui seraient portées en France devant les cours d'assises.

Dans ce cas, les magistrats doivent nécessairement siéger au nombre de quatre. Trois voix sont requises pour qu'il y ait condamnation. Le tribunal criminel ainsi composé statue sur l'appel des jugemens rendus par les tribunaux d'Oran et de Bone, dans les cas prévus par le dernier paragraphe de l'article 7.

Art. 10.

Chaque année le gouverneur, après avoir pris l'avis du président du tribunal supérieur et du procureur général, désigne par un arrêté spécial ceux des juges qui doivent composer les divers tribunaux et les substituts qui y sont attachés.

Il désigne également celui des juges du tribunal de première instance d'Alger qui connaît des affaires civiles, et celui qui est chargé des affaires correctionnelles ou de police, ainsi que de l'instruction des affaires criminelles.

En cas d'empêchement d'un juge, il est suppléé par un autre juge désigné par le président du tribunal supérieur.

Toutefois, quand il y a lieu de remplacer, même temporairement, l'un des juges de Bone ou Oran, il y est pourvu par une décision spéciale du Gouvernement.

Art. 11.

Le gouverneur désigne aussi chaque année, pour chacun des siéges de première instance, un ou plusieurs suppléans appelés éventuellement à remplacer ou suppléer le juge titulaire, en cas de vacance ou d'empêchement constatés par une réquisition du ministère public.

Les mêmes suppléans sont appelés par ordonnance du juge à remplacer ou suppléer, dans les cas ci-dessus prévus, les substituts du procureur général attachés aux tribunaux hors d'Alger.

Art. 12.

Le procureur général exerce auprès de tous les tribunaux toutes les attributions du ministère public en France.

Les substituts exercent les mêmes attributions sous sa direction immédiate près du tribunal auquel ils sont attachés par l'arrêté mentionné en l'article 10.

Art. 13.

Les juges, le procureur général et ses substituts, doivent réunir toutes les conditions d'aptitude requises en France pour exercer les mêmes fonctions.

Cette disposition n'est point applicable aux suppléans désignés en vertu de l'article 11.

Art. 14.

Le traitement du procureur général et du président du tribunal supérieur est de 12,000 francs, pendant les trois premières années de service en Afrique. Il est porté à 15,000 francs pour chacune des années subséquentes.

Le traitement des juges de tous les tribunaux et des substituts du procureur général est de 5,000 francs pendant les trois premières années, et de 6,000 francs pour les années suivantes.

Ces divers traitemens subissent la retenue établie en faveur de la caisse des retraites au ministère de la justice. Les services en Afrique sont comptés pour les droits à la retraite comme s'ils avaient été rendus en France.

Art. 15.

Le traitement fixe des greffiers est fixé ainsi qu'il suit :
Greffier du tribunal supérieur d'Alger, 1,500 fr.
Greffier du tribunal de première instance d'Alger, 1,200 fr.
Greffier des tribunaux de première instance de Bone et d'Oran, 1,000 fr.

Greffier du tribunal de commerce d'Alger, 4,000 fr.

Le greffier du tribunal supérieur est en même temps greffier du tribunal criminel.

Moyennant les allocations ci-dessus, le personnel et le matériel des greffes demeurent à la charge des greffiers.

Art. 16.

Les droits fixes de greffe sont perçus selon les tarifs de France au profit des greffiers.

Les greffiers reçoivent en outre de l'État ou des particuliers, pour tous droits d'expédition en matière civile ou criminelle, 40 centimes par rôle.

En cas d'absence ou d'empêchement des greffiers titulaires, ils sont suppléés par leurs commis assermentés, et, au besoin, par un des notaires de la résidence, désigné d'office par le tribunal.

Art. 17.

Le tribunal de commerce d'Alger se compose de sept notables négocians, nommés chaque année par le gouverneur, et dont les pouvoirs peuvent être indéfiniment renouvelés.

Un greffier est attaché à ce tribunal, dont les juges ne reçoivent ni traitement ni indemnité.

Art. 18.

Des interprètes assermentés sont spécialement attachés au service des divers tribunaux, et répartis, selon les besoins, par l'arrêté du gouverneur énoncé dans l'article 10.

Art. 19.

Les tribunaux musulmans sont maintenus; les Cadis sont

nommés et institués par le gouverneur; ils reçoivent un traitement de l'État.

Un assesseur français est attaché au tribunal musulman d'Alger; sa présence à tout jugement civil ou criminel est constatée à peine de nullité. Il jouit des mêmes droits et prérogatives que les assesseurs ou témoins indigènes qui assistent le cadi.

Art. 20.

Le gouverneur institue également, partout où il le juge nécessaire, des tribunaux israélites, composés d'un ou trois rabbins par lui désignés et dont les fonctions sont gratuites.

Art. 21.

Sont attachés aux tribunaux français, pour les assister ou siéger avec eux, dans les cas déterminés au titre suivant, des assesseurs musulmans, au nombre de quatre pour la province d'Alger, de deux pour chacune de celles de Bone et d'Oran.

Ces assesseurs sont nommés par le gouverneur, auquel des listes de présentation sont fournies par les cadis de chaque siége.

Il est alloué aux assesseurs des droits de présence, fixés par un tarif spécial pour toutes les affaires au jugement desquelles ils participent.

TITRE II.

COMPÉTENCE ET ATTRIBUTIONS.

Art. 22.

Les tribunaux français connaissent de toutes les affaires civiles et commerciales entre Français, entre Français et indigènes ou étrangers, entre indigènes de religions différentes, entre indigènes et étrangers, entre Israélites, entre étrangers, enfin entre Musulmans indigènes, mais seulement sur la demande ou le consentement formel de toutes les parties.

Art. 23.

Les tribunaux civils français et le tribunal de commerce, pour le jugement de tout procès dans lequel un Musulman est intéressé, doivent être assistés d'un assesseur musulman, appelé à tour de rôle sur la liste dressée par le gouverneur, en exécution de l'article 21.

Cet assesseur a voix consultative; son avis sur le point de droit est mentionné dans le jugement.

Art. 24.

La compétence du tribunal de commerce d'Alger, à raison de la matière, est celle des tribunaux de même ordre en France.

Art. 25.

La loi française régit les conventions et contestations entre Français ou étrangers. Les indigènes sont présumés avoir contracté entre eux selon la loi du pays, à moins qu'il n'y ait convention contraire.

Dans les contestations entre Français ou étrangers et indigènes la loi française ou celle du pays sont appliquées selon la nature de l'objet en litige, la teneur de la convention, et, à défaut de convention, selon les circonstances ou l'intention présumée des parties.

Il ne peut être dérogé à la loi française en tout ce qui intéresse l'ordre public ou les bonnes mœurs.

Art. 26.

Les tribunaux français connaissent de toutes les infractions aux lois de police et de sûreté, à quelque nation ou religion qu'appartienne l'inculpé ;

De tous les crimes ou délits commis par des Français, des Israélites ou des étrangers ;

Des crimes ou délits commis par des Musulmans indigènes au préjudice de Français, d'Israélites ou d'étrangers ;

Des crimes ou délits contre les personnes ou les propriétés, commis par des Musulmans indigènes au préjudice d'autres indigènes de la même religion, dans les cas et aux conditions ci-après déterminées.

Art. 27.

Peuvent les tribunaux, en matière correctionnelle et criminelle, reconnaître dans tous les cas l'existence des circonstances atténuantes, et appliquer l'article 143 du Code pénal. Si le prévenu est un indigène, et si le fait à lui imputé n'est ni prévu, ni puni par la loi du pays, les tribunaux français peuvent modérer indéfiniment la peine, et même renvoyer le prévenu absous.

Art. 28.

Demeure réservée aux conseils de guerre la connaissance des crimes ou délits commis en dehors des limites des juridictions, telles qu'elles auront été déterminées en exécution de l'article 4 :

1° Par un indigène au préjudice d'un Français ou d'un Européen ;

2° Par un indigène au préjudice d'un autre indigène, alors seulement que le fait à punir intéresse la souveraineté française ou la sûreté de l'armée ;

3° Par un Français au préjudice d'un indigène. Hors ce dernier cas, tout Français prévenu et non militaire sera traduit devant les tribunaux ordinaires.

Art. 29.

Les Musulmans indigènes, prévenus de crimes ou délits contre la personne ou les propriétés d'autres Musulmans aussi indigènes, sont punis par le cadi, selon la loi du pays et les formes suivies jusqu'à ce jour.

Aucun jugement de condamnation ne peut être mis à exécution qu'après avoir été communiqué au procureur général et revêtu de son visa, sans préjudice de la disposition spéciale de l'article 33.

L'exécution a lieu dans tous les cas par des agens spéciaux de la force publique, institués ou agréés par l'administration française.

Art. 30.

Sur l'appel, soit des prévenus, soit du procureur général, le tribunal criminel réforme, s'il y a lieu, les jugemens du cadi, en matière criminelle, dans les cas seulement où le fait qui a provoqué la poursuite est prévu par la loi française.

Si le cadi néglige ou refuse de poursuivre, le tribunal criminel peut, d'office ou sur le réquisitoire du procureur général, évoquer la poursuite des crimes et délits désignés au § 1er de l'article précédent.

Art. 31.

Toutes les fois qu'un indigène musulman est mis en jugement comme coupable ou complice d'un délit ou d'un crime, le juge français est assisté d'un assesseur musulman, ayant voix consultative, comme il est prescrit en matière civile par l'article 23; cette disposition est applicable au jugement sur l'appel.

Le tribunal criminel, dans les divers cas où il est appelé à prononcer, s'adjoint deux assesseurs qui ont voix délibérative sur la déclaration de culpabilité, et voix consultative seulement sur l'application de la peine.

Art. 32.

Le tribunal criminel, statuant en exécution de l'article 30, applique la loi du pays au condamné musulman. Il doit appliquer la loi française si elle prononce une peine moindre.

Art. 33.

Tout jugement portant condamnation à la peine de mort ne peut être exécuté sans l'autorisation formelle du gouverneur.

Art. 34.

Le gouverneur peut ordonner un sursis à l'exécution des condamnations quelconques prononcées contre des Français, des Européens ou des étrangers.

Il a le droit d'accorder à l'indigène condamné la commutation et même la remise entière de la peine portée contre lui.

Art. 35.

Les cadis connaissent en dernier ressort jusqu'à concurrence d'une valeur de 1,000 fr. en principal, et au-dessus de cette somme à charge d'appel devant le tribunal supérieur français, de toutes affaires civiles ou commerciales entre musulmans indigènes.

Il continue à constater et rédiger en forme authentique les conventions dans lesquelles les Musulmans sont intéressés.

Art. 36.

Tous les jugemens rendus par le cadi, lorsque la partie condamnée ne les exécute pas à l'instant même et volontairement, sont, ainsi que les actes civils qu'il reçoit, écrits en double minute et signés, tant du cadi que de ses assesseurs et des parties, quand il y a lieu, sur un registre spécial dont le dépôt est, tous les trois mois, effectué sans frais au greffe du tribunal supérieur.

Il n'est point dérogé par cette disposition aux autres obligations que la loi ou la coutume impose aux cadis.

Art. 37.

Les tribunaux israélites connaissent en dernier ressort :

1° Des contestations entre Israélites concernant la validité ou la nullité des mariages et répudiations, selon la loi de Moïse ;

2° Des simples infractions à la loi religieuse, lorsque, d'après la loi française, elles ne constituent ni crime, ni délit, ni contravention.

Ces tribunaux concilient les Israélites comparaissant volontairement et constatent entre eux toutes conventions civiles.

Toutes autres attributions leur sont interdites à peine de forfaiture. Les dispositions de l'article précédent leur demeurent applicables.

Art. 38.

Le recours en cassation est ouvert aux Français et aux

étrangers, mais seulement contre les jugemens du tribunal supérieur ou du tribunal criminel.

Il est formé et suivi d'après les réglemens en vigueur pour la France et les possessions françaises hors du territoire continental.

Art. 39.

Les indigènes peuvent poursuivre la cassation, pour cause d'incompétence, des jugemens civils ou criminels rendus en dernier ressort par les tribunaux français ou musulmans.

Le pourvoi est jugé par le conseil de Gouvernement, auquel est adjoint un nouveau membre de l'ordre judiciaire.

Le même conseil, ainsi composé, statue sur les demandes en réglement de juges qui intéressent exclusivement les indigènes.

TITRE III.

PROCÉDURE.

Art. 40.

Toutes les instances civiles sont dispensées du préliminaire de la conciliation. Les juges de première instance pourront néanmoins inviter les parties à comparaître en personne sur simple avertissement et sans frais. L'instance restera liée par une première comparution.

Le refus de comparaître sur simple invitation ne pourra être suivi de condamnation par défaut avant une citation régulière.

Quand un Musulman ou Israélite est ou doit être mis en cause, l'invitation sans frais précède nécessairement l'assignation.

Art. 41.

La forme de procéder en matière civile et commerciale devant les tribunaux français est celle qui est suivie en France devant les tribunaux de commerce.

Art. 42.

Le délai pour interjeter appel des jugemens contradictoires en matière civile et commerciale est d'un mois, à partir du jour de leur signification à la personne ou au domicile réel ou d'élection. Ce délai est augmenté, à raison des distances qui seront réglées par un arrêté du gouverneur.

A l'égard des incapables, des non-domiciliés et des absens, l'appel sera reçu même après l'expiration des délais, si l'appelant justifie qu'il a ignoré l'existence du jugement.

L'appel des jugemens rendus par le cadi en présence des parties ne sera plus recevable un mois après leur prononciation.

Dans aucun cas l'appel ne sera reçu, ni contre les jugemens par défaut, ni contre les jugemens interlocutoires, avant le jugement définitif.

Art. 43.

Lorsque le juge d'instruction aura terminé l'instruction d'une affaire, il transmettra les pièces au ministère public. Si le ministère public pense qu'il y a lieu à suivre devant la juridiction correctionnelle ou de simple police, il saisira directement le tribunal compétent par une citation qui sera donnée directement à sa requête au prévenu.

Art. 44.

En matière correctionnelle ou de simple police, le tribunal peut être directement saisi par la citation donnée au prévenu à la requête de la partie civile.

Art. 45.

Le juge d'instruction statue, le ministère public entendu, sur demandes de mise en liberté provisoire.

Art. 46.

Si, d'après le résultat de l'instruction, le ministère public pense qu'il y a lieu de traduire l'accusé devant le tribunal criminel, il dresse l'acte d'accusation et en transmet une copie au juge ou au président, avec une réquisition tendant à ce que le jour de l'ouverture des débats soit indiqué. Une autre copie de l'acte d'accusation est en même temps signifiée à l'accusé, auquel toutes les pièces de la procédure sont communiquées s'il le demande.

Art. 47.

La forme de procéder devant le tribunal saisi, en matière criminelle, correctionelle ou de police, ainsi que les délais et les formes de l'appel, dans les cas où il est autorisé, sont réglés par les dispositions du Code d'instruction criminelle relatives à la procédure devant les tribunaux de police correctionnelle.

Art. 48.

L'appel des jugemens des cadis en matière criminelle sera relevé dans les mêmes délais et par déclaration faite, savoir : à Alger, au greffe du tribunal criminel ; à Bone et à Oran, au greffe du tribunal français.

Art. 49.

Dans le cas de l'article précédent, la citation sur l'appel des jugemens rendus par les cadis sera donnée à la requête du procureur général.

TITRE IV.

CONTENTIEUX ADMINISTRATIF.

Art. 50.

Le conseil de Gouvernement statue, comme tribunal administratif, sur toutes les matières dont la connaissance est, en France, dévolue aux conseils de préfecture; les mêmes formes d'instruction sont observées.

Art. 51.

Les arrêtés du conseil pourront être déférés au Conseil d'État, mais seront, dans tous les cas, provisoirement exécutoires. Néanmoins, en ayant égard aux circonstances, le gouverneur pourra, d'office, ou sur la demande des parties intéressées, suspendre l'exécution jusqu'à décision définitive.

Art. 52.

Dans le cas où le gouverneur peut prononcer seul, ceux de ces arrêtés par lesquels des particuliers se prétendraient lésés ne seront sujets à aucun recours, sauf toutefois les actions devant les tribunaux ordinaires dans les matières de leur compétence.

Art. 53.

Lorsque l'autorité administrative élève le conflit d'attributions, il est jugé en dernier ressort par le conseil de Gouvernement réuni sous la présidence du gouverneur, et auquel sont adjoints deux membres de l'ordre judiciaire.

TITRE V.

DISPOSITIONS PARTICULIÈRES.

Art. 54.

Toute citation notifiée à un indigène, en matière civile ou criminelle, sera accompagnée de la traduction en langue arabe, faite et certifiée par un interprète assermenté, et ce, à peine de nullité de la procédure et de la poursuite.

Art. 55.

Nonobstant toutes dispositions des lois, l'admission des nullités, d'exploits et actes de procédure sera facultative pour le juge qui pourra les accueillir ou les rejeter selon les circonstances.

Art. 56.

Tout jugement en dernier ressort portant condamnation au paiement d'une somme d'argent autre que les simples dépens, à la délivrance de valeurs ou objets mobiliers, ou emportant obligation de payer des indemnités ou dommages-intérêts déterminés, sera exécutoire par la voie de la contrainte par corps.

Si le jugement est sujet à l'appel, la contrainte par corps ne pourra être exercée que moyennant caution.

Art. 57.

Seront tenus tous les fonctionnaires musulmans ou israélites, dans l'ordre judiciaire ou administratif, et tous agens de la force publique mis à leur disposition spéciale, de prêter assistance à l'autorité française pour la recherche et constatation des crimes ou délits, comme aussi pour la mise à exécution des mandemens de justice et des jugemens rendus par les tribunaux français.

Les cadis et rabbins ne pourront être requis de fournir leur assistance personnelle qu'en cas de poursuite pour crime et seulement sur un réquisitoire spécial du ministère public.

Art. 58.

Il sera pourvu incessamment aux modifications qui seront reconnues nécessaires aux Codes civil, de procédure, de commerce, pénal, d'instruction criminelle, en ce qui n'est point prévu par les dispositions précédentes.

Art. 59.

Un réglement du gouverneur déterminera les conditions d'admission aux professions ou fonctions de défenseur près les tribunaux, notaires, huissiers, commissaires priseurs, ainsi que les règles de discipline auxquelles les individus qui les exerceront seront assujétis.

Art. 60.

Toutes les dispositions des arrêtés ou réglemens publiés depuis le 7 juillet 1830, sur l'organisation et l'administration de la justice, cesseront d'avoir leur effet, à compter du jour de la mise à exécution de la présente ordonnance.

DOMAINE PUBLIC ET IMPOTS.

(M. le comte d'HAUBERSART, rapporteur.)

RECHERCHES DES BIENS DOMANIAUX.

ARTICLE PREMIER.

Lorsqu'il y aura juste motif de croire que des propriétés domaniales sont occupées sans titre régulier, l'agent en chef du domaine pourra, sur l'autorisation du directeur des finances, requérir le détenteur de justifier de sa possession.

Si la justification n'est pas trouvée suffisante, la contestation sera portée devant les tribunaux français.

ART. 2.

Le domaine sera admis à opposer à la preuve testimoniale, telle que la loi musulmane la constitue, les circonstances tendantes à en faire reconnaître le vice ou l'insuffisance, et le tribunal pourra, selon les cas, soit écarter cette preuve, soit ordonner tel complément de preuve qu'il jugera nécessaire.

ART. 3.

Le domaine prendra possession des biens vacans et sans maître; ils seront tenus sous le séquestre, lequel sera publié et affiché. Deux ans après ces publications, le domaine pourra se pourvoir vers le tribunal, à l'effet d'être autorisé à vendre ou à concéder, sauf le remboursement du prix de la vente ou de la concession à celui qui, dans un nouveau délai de cinq ans, à compter du jour de la vente, justifiera de ses droits.

Dispositions relatives aux biens domaniaux, proposées par la commission.

Article premier.

Il sera procédé à la vente la plus prompte, par adjudication publique, de toutes les maisons et propriétés urbaines domaniales qui ne seront pas reconnues nécessaires pour les services publics.

Art. 2.

L'aliénation des biens ruraux, quand le moment d'en disposer utilement sera venu, s'opérera également par voie d'adjudication publique.

Lorsque cependant, d'après les circonstances, le gouverneur croira le mode de concession préférable, il pourra, sur un avis spécial du conseil supérieur pour chaque concession, autoriser l'aliénation suivant ce mode, aux clauses et conditions qui seront délibérées par ce conseil.

Art. 3.

Le gouverneur pourra également, de l'avis du même conseil, déterminer les cas où le prix, soit de l'adjudication publique, soit de la concession de propriétés domaniales, tant urbaines que rurales, sera stipulé payable, en tout ou en partie, moyennant une rente remboursable, aux taux et conditions qui seront réglés par le cahier des charges ou le contrat.

Art. 4.

Aucune propriété privée ne pourra être occupée pour service public qu'à défaut de propriété domaniale.

En conséquence, les besoins réels de ces services, notamment en ce qui touche les logemens des fonctionnaires et officiers civils et militaires, seront reconnus et constatés, ainsi que les moyens d'y pourvoir par l'affectation des propriétés domaniales.

Les propriétés privées actuellement occupées pour ces services, et qui seront reconnues ne leur être pas nécessaires, seront immédiatement remises à la disposition des propriétaires.

FONDATIONS PIEUSES.

Dispositions proposées par la commission.

Article premier.

L'arrêté du 7 décembre 1830, relatif aux fondations pieuses et biens des mosquées, doit être rapporté.

Dans chacune des villes occupées de la Régence, l'administration des biens des mosquées et fondations pieuses, la surveillance des agens, la destination et l'emploi des revenus, le jugement des comptes, seront réunis, suivant un réglement à faire, à un conseil composé de Musulmans et présidé par l'intendant civil ou son délégué.

Un agent du domaine, désigné par le directeur des finances, remplira, près de ce conseil, les fonctions de commissaire du roi.

Art. 2.

Les délibérations du conseil seront, préalablement à leur exécution, soumises à l'approbation du gouverneur ou de l'autorité déléguée par lui.

Art. 3.

Ce conseil aura sous ses ordres les agens (oukils) chargés de la recette des revenus, du paiement des dépenses dûment autorisées, et de l'exécution de toutes les mesures relatives à l'administration des biens.

Ces agens seront Musulmans.

Ils seront nommés par le gouverneur sur la présentation du conseil.

Art. 4.

Une gestion distincte pour les biens de chaque mosquée ou fondation pieuse continuera d'exister.

Toutefois le conseil pourra réunir dans une masse commune et sous la gestion d'un seul agent les biens des mosquées et marabous démolis, ou qu'il reconnaîtra avoir définitivement perdu leur destination.

Art. 5.

Les biens des mosquées ou fondations pieuses seront affermés ou loués par adjudication publique.

IMPOTS.

Dispositions proposées par la commission.

1° Le principe des impôts directs doit être adopté dans la Régence.

2° Ils n'y seront que successivement introduits.

3° L'impôt foncier est le premier à établir.

4° A son début il sera léger.

5° Dans les villes occupées, cet impôt peut être immédiatement exigé.

6° Pour les biens ruraux, attendu l'absence presque totale de culture et le défaut de bases, l'époque de sa perception sera ultérieurement déterminée, selon le développement de la richesse contributive du pays et le progrès des opérations préalables à l'établissement des rôles.

Les frais de ces opérations seront supportés, suivant un réglement à faire, par les propriétaires des biens.

7° Les habitations rurales exclusivement affectées à la culture et les bâtimens en dépendant ne seront pas soumis à l'impôt foncier; les terres incultes depuis plus de cinq ans en seront affranchies pour un temps qui sera déterminé par des réglemens publics.

8° Quant aux impôts personnel et mobilier, dont la perception, quant à présent, ne serait possible que dans les villes, l'épreuve de l'impôt foncier et le bien-être plus ou moins prompt auquel ces villes pourront parvenir indiqueront plus tard l'époque à laquelle on pourra sans inconvénient les établir.

Un autre impôt, celui du timbre, paraît encore à la commission pouvoir dès à présent prendre place parmi les impôts à percevoir dans la Régence, sous la condition cependant que le taux sera moins élevé qu'il ne l'est en France. Modérément fixé, cet impôt, d'une perception facile et peu coûteuse, qui se paie en détail, qui n'atteint que la classe aisée, paraît n'avoir aucun inconvénient et n'excitera point de plaintes.

S'il est établi, il conviendra, en considération surtout des indigènes de qui cet impôt n'est point connu, de modérer beaucoup les amendes de contravention et de laisser à l'administration une grande latitude pour leur remise. On obviera ainsi aux résultats fâcheux qu'auraient pour eux des erreurs et des oublis qui, de leur part, seront fréquens dans les premiers temps de l'établissement du droit.

Dans l'opinion de la commission, là doivent s'arrêter les impôts à percevoir, quant à présent, dans la Régence. Demander davantage à un pays pauvre de capitaux, d'habitans, d'industrie, ce serait le grever au-delà de ses forces et y étouffer tous les germes de prospérité.

PROJET D'ORDONNANCE

SUR

LES DOUANES

DANS LES PORTS DES POSSESSIONS FRANÇAISES

SUR LA CÔTE SEPTENTRIONALE D'AFRIQUE.

(M. REYNARD, rapporteur.)

TITRE PREMIER.

DE LA NAVIGATION.

ARTICLE PREMIER.

Les navires français et les *sandales* appartenant aux indigènes seront exempts de tout droit de navigation.

ART. 2.

Les navires étrangers paieront les mêmes droits que ceux qui sont perçus en France sous le nom de droit et de demi-droit de tonnage.

Toutefois ces droits seront réduits au tiers de la quotité du tarif pour les navires au-dessous de 50 tonneaux.

ART. 3.

Le transport des marchandises d'un port de France dans les possessions françaises sur la côte septentrionale d'Afrique, et réciproquement, ainsi que le transport d'un port à un autre dans ces possessions, seront réservés à la navigation nationale.

Art. 4.

Les droits de patente pour les bateaux employés à la pêche du corail continueront à être perçus sur le pied du tarif actuel.

TITRE II.

DE L'IMPORTATION.

Art. 5.

Seront admises en franchise de tout droit, à l'arrivée de France,

1° Les marchandises françaises de toute espèce;
2° Les marchandises étrangères naturalisées en France par l'acquittement des droits de douane;
3° Les denrées coloniales françaises sortant de l'entrepôt.

Art. 6.

Seront également admises en franchise, quand elles seront exportées d'un port à un autre:

1° Les marchandises ci-dessus désignées;
2° Les marchandises indigènes;
3° Les marchandises étrangères qui auront été admises en exemption de droit, conformément à l'art. 10 ci-après, ou qui auront été soumises au paiement des droits mentionnés aux art. 11, 12, 13, 14, 15 et 16 de la présente ordonnance.

Art. 7.

L'importation des marchandises venant de France ou d'un

des ports des possessions françaises sur la côte septentrionale d'Afrique sera assujétie aux formalités prescrites en France pour le cabotage.

Art. 8.

Néanmoins les marchandises dont la nomenclature suit : huiles en outre, laines en suint, peaux vertes et sèches, cire, miel, kermès, animaux vivans, œufs, lait, fromages frais et beurre, pourront être dispensés des formalités prescrites, quand elles viendront d'un des ports que le Gouvernement n'aurait pas fait encore occuper.

Art. 9.

Les marchandises autres que celles qui sont comprises dans la nomenclature de l'article précédent, provenant des ports non occupés, seront assimilées aux marchandises venant de l'étranger.

Art. 10.

Seront admises en exemption de tout droit, dans les ports des possessions françaises sur la côte septentrionale d'Afrique, les marchandises suivantes, venant des entrepôts de France et de l'étranger :

1° Les bois de construction, de charpente, de menuiserie, le bois à brûler; le charbon de bois, de terre; les pierres et autres matériaux propres à la construction ;

2° Les céréales, les farines, le foin, la paille, les légumes et les fruits frais ;

3° Les plants d'arbres et les graines pour semences.

Art. 11.

Seront soumis à un droit de 10 pour 0/0 de la valeur les tissus de soie, les tissus de coton, les bonnets ou calottes d laine ; venant par navires français des entrepôts de France ou de l'étranger.

Art. 12.

Seront admis, moyennant un droit de 13 pour 0/0, les vins, eaux-de-vie, esprits, rhum, vinaigre, liqueurs, venant, par navires français, des entrepôts de France ou de l'étranger.

Art. 13.

Toutes les marchandises non désignées dans les articles 10, 11 et 13, à l'exception du fer et du sel, seront soumises à un droit de 8 pour 0/0 de la valeur, quand elles viendront par navires français des entrepôts de France ou de l'étranger.

Art. 14.

Les marchandises étrangères, pour lesquelles les droits d'entrée sont fixés dans les trois articles précédens, seront assujéties au paiement d'une surtaxe de 2 pour 0/0 de la valeur quand elles seront importées par navires étrangers. L'importation, en ce cas, ne pourra avoir lieu que directement des lieux d'origine et sous le pavillon respectif des pays producteurs.

Art. 15.

Le fer, venant par navire français, des entrepôts de France ou de l'étranger, sera admis en franchise de droit.

Par navire étranger, il paiera un droit de 2 pour 0.0 sur la valeur et ne pourra être importé que directement des lieux d'origine.

Art. 16.

Le sel venant, par navire français, des entrepôts de France ou de l'étranger, paiera 2 francs les 100 kilogrammes.

Par navire étranger et directement du lieu d'origine, 3 francs les 100 kilogrammes.

TITRE III.

EXPORTATION.

Art. 17.

Les marchandises de toute nature exportées pour France ne paieront aucun droit à la sortie. Elles seront soumises aux formalités prescrites pour le cabotage.

Art. 18.

Les marchandises transportées d'un port à un autre ne paieront aucun droit de sortie et resteront également assujéties aux formalités prescrites par le cabotage.

Art. 19.

Les marchandises de toute nature, exportées pour l'étranger, seront soumises à un droit de sortie de deux et demi pour cent sur leur valeur.

Art. 20.

Les lois, ordonnances et réglemens sur les douanes françaises, seront applicables, dans les ports des possessions françaises sur la côte septentrionale d'Afrique, en tout ce qui n'est pas contraire à la présente ordonnance.

En conséquence tous les arrêtés sur la matière, et notamment celui du 22 septembre 1830, sont révoqués.

MARINE.

(M. Duval-d'Ailly, rapporteur.)

La Régence d'Alger présente dans une étendue de 200 lieues de côtes plusieurs bonnes rades et une grande quantité de mouillages qui, pour être moins sûrs, n'en sont pas moins praticables pendant six mois de l'année.

BONE.

Le premier port que l'on trouve, en commençant par l'est, est le golfe de Bone; il a deux mouillages, celui des Caroubiens, qui est le meilleur, et l'anse des Cassarins.

La baie des Caroubiens est ouverte aux vents d'est-nord-est et de nord-est; elle n'est fréquentée que par les bâtimens qui, en s'approchant de terre, peuvent se mettre à l'abri de ces vents, mais non de l'action de la mer. Son éloignement de la ville porte les bâtimens marchands à mouiller aux Cassarins, plus à portée de leurs affaires. Devant la ville même il n'y a que deux brasses et demie d'eau, un mauvais fond de sable et une forte houle.

On paraît s'arrêter à l'idée de la construction d'un port marchand à l'embouchure de la Seybouse, sous l'ancienne Hippone, à demi-lieue vis-à-vis Bone.

Il faudrait dégager la passe des sables que les vents de nord-est y amoncellent et l'en garantir par une jetée; on pourrait y conduire les eaux de la Bougima qui produiraient sur ce point l'effet d'une écluse de chasse; c'est un projet très exécutable, mais qui doit être étudié.

La rade de Bone est facile à bloquer, parce qu'on peut mouiller partout.

Dans l'est du cap de Rôle, on trouve une petite anse et le petit port de la Calle, destiné à recevoir des barques; c'est là que la compagnie d'Afrique avait son établissement ; ces parages sont fréquentés par les corailleurs.

BOUGIE.

A 40 lieues à l'ouest de Bone est la baie de Bougie, une des meilleures de toute la Régence ; elle n'est ouverte qu'aux vents d'est qui ne pénètrent pas, la tenue y est excellente. Ce port est une acquisition d'autant plus précieuse qu'il n'est pas éloigné d'Alger, qu'il est facile à défendre, et que dans un espace de près de 200 lieues, d'Arzen au cap Ban, il est le seul qui puisse offrir un abri sûr aux bâtimens de guerre.

ALGER.

Alger, sous le rapport maritime, n'a pas été traité par la nature aussi favorablement que Bougie; la rade, ouverte aux vents d'est-nord-est, de nord-est et de nord, qui règnent pendant six mois, est la plus mauvaise de toutes celles de la Régence.

Les navires marchands peuvent entrer dans le port, mais dans les gros temps le ressac de la mer s'y fait fortement sentir et les fatigue beaucoup ; de plus, les immondices de la ville l'encombrent tous les jours. Il est urgent de remédier à cet inconvénient.

On propose d'agrandir le port en prolongeant le môle de 200 mètres dans la direction du sud-est. Ce travail coûterait quatre millions au moins; la surface du port se trouverait accrue de 5,000 mètres carrés, et des bâtimens de toute grandeur pourraient venir s'y amarrer. La commission a adopté cette idée pour l'avenir ; le port tel qu'il est suffit aux besoins du moment.

Entre Alger et Bone il y a plusieurs points, tels que Tedelles, Mansuaria, Jagelli, Stora, Collo, qui ne sont pas dénués d'intérêt. La commission voudrait que nos bâtimens parcourussent la côte, qu'ils mouillassent dans tous les endroits où ils pourraient le faire sans péril, qu'ils se missent en rapport avec les habitans et qu'ils cherchassent à lier des relations de commerce avec eux.

La baie d'Arzew, à 55 lieues dans l'ouest d'Alger, est remarquable par sa beauté, sa profondeur et sa sûreté. Le mouillage, quoique parfaitement abrité par le cap sur lequel est le fort et par les rochers qui s'avancent à environ 200 mètres dans la mer, le serait encore davantage si l'on profitait de cette ligne de rochers hors de l'eau pour y construire une jetée. Ce projet se perd dans l'avenir.

Mostaganem, situé à une demi-lieue dans les terres, sur la même baie et à 12 lieues d'Arzew, est difficile à ravitailler; la plage est presque inabordable et la mer y déferle sur une étendue de plus de 100 mètres; le fond du mouillage et la côte sont hérissés de récifs. Des bateaux plats peuvent seuls faire le service d'un débarquement, en choisissant un beau temps (du 1er avril au 1er octobre.)

MERS-EL-KÉBIR.

A dix lieues d'Arzew et près d'Oran se trouve la rade de Mers-el-Kébir qui est bonne; elle est ouverte aux vents d'est-nord-est, mais ils entrent peu et ils sont moins à craindre que ceux du sud-ouest qui viennent de terre et tombent en rafales si pesantes du haut des montagnes que les bâtimens y chassent quelquefois, et que, par l'effet du fond qui va rapidement en augmentant, ils déradent bientôt; mais on peut prévenir cet inconvénient.

La plus faible puissance maritime pourrait venir aujourd'hui nous insulter impunément sur cette rade, mais en restaurant le fort et en tirant parti des accidens de terrain, on pourra établir un système de batteries à feux croisés qui la rendra inexpugnable.

Le premier travail à faire est la réparation de l'embarcadère et celle de la fontaine qui sert d'aiguade. La sûreté de la navigation réclame aussi un phare.

Le mouillage est si mauvais à Oran que les bâtimens marchands le redoutent et préfèrent se tenir à Mers-el-Kébir ; mais la mer est parfois si houleuse entre cette citadelle et le fort de la Mouna que toute communication avec la ville devient impossible. On obvierait à cet inconvénient en réparant le môle qui avait été commencé à Oran par les Espagnols ; et en le prolongeant de 200 mètres, les bateaux ne seraient plus alors tourmentés par la mer. Les matériaux sont sous la main et l'on évalue la dépense à 1,200,000 fr.

Plus tard on satisferait au vœu de tous les marins et du commerce en mettant à exécution le projet de port qui a été présenté, projet qui offre bien quelques difficultés qui ne sont pas insurmontables. C'est alors qu'on verra disparaître toutes les entraves qui gênent le commerce et qui l'empêchent de prendre son essor dans la province la plus riche de la Régence.

Près des frontières de Maroc, dans le golfe des Hurcayones ou de Tlémen, est une espèce de baie dont l'île des Pigeons forme le mouillage, connu sous le nom de Rio-Salado ; il est peu sûr.

La commission estime que, pour assurer le service en ce qui concerne le département de la marine, il est nécessaire d'affecter à la station des côtes d'Alger quatorze bâtimens de guerre à voiles et neuf bâtimens à vapeur dont huit à grandes dimensions.

La dépense peut être évaluée 2,500,000 fr.

EXTRAIT
DU PROCÈS-VERBAL
DE LA COMMISSION D'AFRIQUE.

ADMINISTRATION GÉNÉRALE DE LA COLONIE.

Il y aura à Alger un gouverneur général réunissant l'autorité civile et l'autorité militaire.

Le gouverneur pourra être choisi dans l'ordre judiciaire et dans l'ordre militaire.

L'action et la force militaire n'étant que les moyens et le gouvernement étant la fin, l'action militaire doit nécessairement être subordonnée à l'action civile.

Le caractère civil doit par conséquent être le caractère principal du gouverneur général, mais ce gouverneur n'en doit pas moins être le commandant supérieur de l'armée en même temps que l'administrateur en chef de toutes les parties du service civil. Toutefois, comme commandant en chef de l'armée, la qualité qui doit le distinguer est celle d'administrateur et d'homme politique pour qui la guerre n'est qu'un moyen et une nécessité, et non un but [1].

Il y aura près du gouverneur un conseil supérieur com-

---

[1] Il résulte de l'ensemble des procès-verbaux de la grande commission d'Afrique, que l'organisation de la colonie sera établie sur les mêmes bases que celle de France, c'est-à-dire qu'il y aura un intendant civil ou préfet, des sous-intendans ou sous-préfets, des fonctionnaires des finances, des généraux commandant de divisions et de subdivisions, des intendans et des sous-intendans militaires, des cours et tribunaux, etc. (*Note de l'Éditeur.*)

posé de quatre membres, présidé par lui. Ce conseil sera composé :

Du général commandant les troupes, du directeur de l'administration civile (préfet), de l'intendant militaire et du magistrat le plus élevé dans l'ordre judiciaire.

Le gouvernement d'Alger sera dans les attributions du ministre secrétaire d'état, président du conseil, à moins que le roi ne décide, à raison des circonstances, qu'il sera placé dans celles d'un autre ministre secrétaire d'état.

La correspondance sera préparée et centralisée par un directeur spécial, qui remplira auprès du ministre chargé d'Alger les mêmes fonctions que le directeur des colonies auprès du ministre de la marine.

Le gouverneur général est dépositaire de l'autorité royale. Ses pouvoirs sont réglés par des ordonnances royales délibérées en conseil des ministres, sur le rapport d'un ministre secrétaire d'état, ayant Alger dans son département.

Le gouverneur arrête, de l'avis du conseil, les réglemens d'administration et de police, en exécution des ordonnances et des ordres du ministre.

Tous les objets qui, d'après leur nature, appartiendraient en France au pouvoir législatif, sont réglés par ordonnances du roi.

Le gouverneur prépare en conseil de Régence les projets d'ordonnance et les transmet au ministre.

Il peut les mettre provisoirement à exécution lorsque le conseil reconnaît qu'il y a urgence.

Le gouverneur ne peut révoquer les actes de ses prédécesseurs statuant en matière législative, ou en matières qui auraient été réservées aux ordonnances du roi.

Le gouverneur prépare le budget en conseil et l'adresse au ministre.

RAPPORT GÉNÉRAL

DE LA

COMMISSION D'AFRIQUE

A PARIS,

Par M. le Baron MOUNIER.

PRÉAMBULE.

Lorsque les soldats français partirent accompagnés des vœux de toutes les nations chrétiennes pour attaquer Alger, qui depuis trop long-temps opprimait la Méditerranée et outrageait l'Europe, le Gouvernement n'annonça point si la France se bornerait à châtier l'insolence des pirates, et à les mettre, par la destruction de leur marine et de leurs ports, hors d'état de reprendre le cours de leurs déprédations, ou si, après la victoire, le drapeau français continuerait à flotter sur la côte d'Afrique.

Cependant, les rapides succès de nos armes furent suivis de mesures qui montrèrent que la France ne se restreindrait point dans le cercle étroit que n'avaient pas franchi les dernières expéditions des puissances de l'Europe. Les colonnes françaises pénétrèrent jusqu'à la chaîne de l'Atlas. Des combats peu importans, mais répétés, éloignèrent les tribus arabes ou les forcèrent à la soumission. Bone, Oran furent successivement occupés. En même temps, de grands travaux s'entreprenaient; on relevait les fortifications d'Alger, on réparait son port, une place d'armes était tracée, tandis qu'on élargissait ses principales rues. Au dehors, des postes étaient fortifiés pour couvrir ces coteaux couverts d'arbres fruitiers et de maisons de plaisance qui entourent la ville, et que de nouvelles routes allaient traverser.

C'étaient là, sans doute, des signes certains des intentions du Gouvernement. On en concluait qu'il ne s'agissait plus seulement d'occuper passagèrement les villes et les campagnes que la victoire nous avait livrées, mais qu'il s'agissait, au contraire, de faire de la Régence d'Alger une possession permanente et durable. Aussi des spéculateurs ne tardèrent point à porter leurs espérances dans un pays qui se présentait, à leurs yeux, comme pouvant réunir les productions du climat de l'Europe et celles du climat de l'Inde. Ils se firent céder par des Maures et par des Juifs leurs droits de propriété, encouragés, excités par l'exemple des principaux officiers de l'armée, de ses chefs mêmes que le Gouvernement approuvait et félicitait de s'attacher ainsi au sol qu'ils avaient à défendre.

Pour cultiver ces terres, pour les mettre en valeur, on appelait des colons; on les appelait à grands cris, au gré des nouveaux propriétaires; les bras seuls manquaient. Malte, les îles Baléares profitèrent de cette circonstance favorable pour se débarrasser d'une portion de leur population surabondante. Des Allemands et des Suisses qui se dirigeaient vers l'Amérique furent détournés de leur route et attirés à Alger. De brillans tableaux de l'avenir étaient sans cesse déroulés; mais ces espérances exagérées, ou plutôt ces prestiges de l'imagination, ne tardèrent pas à s'évanouir. Les illusions firent place à la réalité; et le découragement, suite ordinaire des mécomptes, s'emparant des esprits, on entendait prédire qu'Alger ne deviendrait jamais une possession utile à la France, et soutenir que la prudence voulait qu'on se hâtât de mettre un terme à d'énormes dépenses qu'aucun avantage positif ne compenserait.

Les essais de colonisation tentés dans la campagne voisine d'Alger n'avaient point réussi; la maladie, la misère avaient décimé les nouveaux cultivateurs. Une politique indécise, et quelquefois marquée par la violence, la guerre conduite sans système arrêté, sans but déterminé, avait poussé les tribus environnantes dans un état permanent d'hostilité contre les troupes françaises; des représailles, amenées par l'irritation que produisent dans une armée régulière les coutumes de guerre des peuples barbares, excitaient la haine et la vengeance et détruisaient les ressources de l'avenir. Enfin, les soldats mal abrités, souvent exposés aux exhalaisons délétères, remplissaient les hôpitaux où beaucoup succombaient sans gloire et sans utilité pour la patrie.

A Oran et à Bone, la situation des choses n'était pas plus satisfaisante. La première de ces villes s'était dépeuplée depuis qu'elle avait passé sous nos lois; les relations commerciales avec les Arabes étaient entièrement interrompues. Nous ne possédions dans l'intérieur que des murailles désertes, et au dehors que le cercle dont les boulets de nos canons atteignaient la circonférence. A Bone, une conduite plus humaine et plus habile avait produit, dans nos rapports avec les tribus, des résultats plus favorables. Des Arabes campaient autour de la place; leurs cavaliers éclairaient la marche de nos détachemens; mais dans la ville, brûlée par les Turcs, les ruines et la solitude entouraient nos soldats. En butte aux injures de l'air, ou entassés dans des baraques ou des masures qui ne les garantissaient pas de la pluie, ils ne pouvaient échapper à l'influence des marais fétides que forment la Seybouse et la Bougima avant de se jeter dans la mer. Les pertes de la garnison de Bone avaient été proportionnellement encore bien plus considérables que celles de l'armée d'Alger.

Telle était la triste situation que présentaient, au commencement de 1833, des conquêtes acquises avec tant d'éclat. Qu'on y ajoute le dégoût des officiers, qui saisissaient toutes les occasions de rentrer en France ; le découragement des spéculateurs, qui ne savaient pas si la métropole ne songeait point à abandonner les plages où surgissaient tant de difficultés plutôt qu'à faire les sacrifices indispensables pour les surmonter ; le manque de sécurité dans le présent, de confiance dans l'avenir pour tous les habitans indigènes, français ou étrangers ; le mécontentement des Maures restés dans Alger sous la foi de promesses qui n'avaient pas été assez exactement observées, et que d'ailleurs la présence d'une armée européenne blessait nécessairement dans leurs mœurs et dans leurs intérêts ; la fréquence des changemens dans les dépositaires de l'autorité ; les variations et les erreurs de l'administration qui en étaient résultées ; on comprendra que, tandis que d'un côté on s'alarmait de penser que le silence du Gouvernement, l'absence de la déclaration formelle de ses résolutions, pouvaient cacher le projet d'évacuer l'Afrique, d'un autre côté, et surtout au sein des Chambres appelées à voter les dépenses, il s'élevait des doutes sur les avantages attachés à la conservation de nos conquêtes.

Les fâcheux résultats qui se manifestaient, après plus de deux ans de travaux, après la perte de tant de citoyens enlevés par le feu des Arabes ou par les coups bien plus dangereux de la maladie, après le sacrifice de plus de 60 millions, jetés sur la côte d'Afrique depuis que la grande expédition chargée de la vengeance de l'honneur national avait achevé sa tâche, étaient-ils une conséquence forcée de la nature des choses, de circonstances hors de la puissance de la prudence humaine ? ou bien, une conduite plus habile, une direction mieux tracée, des efforts mieux combinés, amèneraient-ils des résultats différens ? La raison permettait-elle d'espérer que l'occupation de ces points de l'Afrique dédommagerait, un jour, la France des sacrifices qu'elle s'imposerait pour y consolider sa domination?

Dès que la question était posée en ces termes, il devenait nécessaire de chercher les moyens de réunir les renseignemens, de constater les faits qui serviraient à la décider. Il était désirable qu'une commission examinât les différens partis qui se trouvaient proposés, afin qu'éclairé par la discussion, le Gouvernement pût arrêter le système sur lequel se baseraient les résolutions qu'il aurait à soumettre à la législature.

La création de cette commission d'enquête fut expressément réclamée par plusieurs des membres des deux Chambres qui, à l'occasion du vote des articles du budget, s'occupèrent de la situation de la domination de la France dans l'ancienne Régence d'Alger.

Le roi, déférant à ce vœu, décida, le 7 juillet 1833, sur le rapport de M. le président du conseil des ministres, *qu'une commission spéciale se rendrait en Afrique pour recueillir tous les faits propres à éclairer le Gouvernement soit sur l'état actuel du pays, soit sur les mesures que réclame son avenir.*

Cette commission, composée de MM.

Le lieutenant général comte Bonnet, pair de France, président,

Le comte d'Haubersart, pair de France,

De la Pinsonnière,
Laurence,
Piscatory,
Reynard,
} Membres de la Chambre des députés.

De Montfort, maréchal-de-camp, inspecteur du génie,
Duval Dailly, capitaine de vaisseau,

devait, à son retour, faire partie d'une commission plus nombreuse qui aurait à discuter les renseignemens recueillis pour présenter à ce sujet un rapport au Gouvernement.

Elle arriva le 1ᵉʳ septembre à Alger, et se livra aussitôt,

avec ardeur et constance, aux recherches qui lui étaient confiées. Non-seulement elle a visité les environs de la ville, mais elle a poussé ses excursions jusqu'à Bélida, au pied de l'Atlas, et elle s'est fait transporter par mer à Oran, à Arzew et à Bone. Elle a tenté, mais inutilement, de se faire mettre à terre à Mostaganem; quelques-uns de ses membres ont débarqué à Bougie, dont venait de s'emparer un corps expédié de Toulon.

Le résultat de ses recherches et de ses observations ayant été remis à M. le président du conseil des ministres, la seconde commission, annoncée par la décision royale, a été instituée par une ordonnance du 12 décembre dernier. Celle-ci, s'est trouvée composée, indépendamment des huit membres de la première commission, de MM.

Le duc Decazes, pair de France, président;
Le lieutenant général, comte Guilleminot, pair de France;
Le baron Mounier, *idem*;
Duchâtel, conseiller d'état, membre de la Chambre des députés;
Dumon, *idem*, *idem*;
Passy, membre de la Chambre des députés;
Le comte de Sade, *idem*;
Baude, *idem*;
Le lieutenant général Bernard, aide-de-camp du roi;
Le vice-amiral Ducampe de Rosamel;
Le baron Volland, intendant militaire.

Cette nouvelle commission, formée de dix-neuf membres, n'a rien négligé pour répondre à la confiance du Gouvernement, qui lui demandait d'éclairer sa marche dans une circonstance si intéressante pour la France, et l'on peut dire pour le monde civilisé tout entier. Elle a commencé par prendre connaissance de tous les documens rapportés par la première commission; elle a écouté la lecture des procès-verbaux de toutes ses délibérations; puis elle a entendu les

Français, et les Maures actuellement à Paris, qui lui ont été indiqués comme pouvant lui fournir d'utiles renseignemens, ainsi que plusieurs personnes qui ont exprimé le désir de l'instruire de certains faits, ou de lui donner des explications. Elle a, après cela, délibéré sur toutes les questions qui ressortaient des instructions données par M. le président du conseil à la première commission, au moment de son départ pour l'Afrique; et c'est à la suite de quarante séances qu'elle a consigné le résultat de ses délibérations, dans un rapport qu'elle a cru convenable de diviser en deux parties.

La première contient la discussion des points fondamentaux; l'évacuation ou la continuation de l'occupation d'Alger; l'étendue à donner à l'occupation, et le système de gouvernement à adopter pour les possessions françaises sur la côte d'Afrique.

La seconde traitera de l'administration civile, de la justice et des finances, et présentera les délibérations prises au sujet des différentes questions particulières sur lesquelle la commission a été consultée.

PREMIÈRE PARTIE

DE LA CONTINUATION DE L'OCCUPATION D'ALGER.

Une question générale, pour ainsi dire préjudicielle, s'offrait d'abord ; il fallait avant tout la discuter ; c'est celle qui naissait de la proposition d'évacuer Alger et les autres villes occupées par nos troupes.

Pour appuyer cette proposition, on a allégué, dans la commission, ce qui suit :

Le but de l'expédition d'Afrique a été de punir la principale des Régences barbaresques de ses insultes envers la France, et de détruire la piraterie qui troublait la navigation de la Méditerranée. Ce noble but a été complètement atteint, et les sacrifices qu'il en a coûtés ne sont point disproportionnés au résultat obtenu. Alger, qui avait repoussé Charles-Quint, et, en 1774, une puissante expédition des Espagnols, a succombé en peu de jours sous nos armes. L'honneur de la France est satisfait, pleinement satisfait. Quant à la piraterie, elle est détruite, et pour cette fois détruite sans retour. Alger, privé de ses trésors, de son artillerie, de ses arsenaux ne pourrait relever ses murailles, recreuser son port, en réparer les môles, ni remplacer ses bâtimens de guerre. Elle deviendrait forcément une cité pacifique ; le commerce seul lui donnerait les moyens de recouvrer ses richesses. Les conditions que la France imposerait en faveur de ses négocians seraient observées, puisque les Maures seraient bien convaincus de l'impuissance de préserver leur ville des ravages de l'artillerie d'une flotte française ; et, d'ailleurs, en traitant avec une puissance voisine à qui elle remettrait Alger, la France ne pourrait-elle pas se faire assurer des avantages commerciaux qui augmenteraient sa navigation marchande et les profits des négocians de ses côtes méridionales, sans qu'il en coûtât rien à l'État?

Si, au contraire, la France conservait Alger et les autres points de la Régence qu'elle occupe aujourd'hui, il faudrait opter entre deux systèmes qui sont en présence. Dans l'un, on se renfermerait dans l'enceinte des villes, qui deviendraient de simples comptoirs de commerce; dans l'autre, on prendrait ces villes pour base d'opérations militaires qui étendraient la domination française dans l'intérieur du pays.

Le premier système n'offre pour avantage que d'ouvrir à notre commerce un marché où se consommeraient les échanges avec les populations voisines; mais cet avantage, comme nous venons de l'indiquer, on l'atteindrait également en stipulant, au moment de la remise de ces villes, des priviléges suffisans en faveur du commerce français; on l'atteindrait, sinon dans sa totalité, du moins en grande partie, et cela sans rien dépenser; tandis que, pour conserver les villes dont il s'agit, il faudrait y tenir des garnisons, y construire des casernes, en réparer et compléter les ouvrages de défense du côté de la terre comme du côté de la mer. Ce sont évidemment des dépenses considérables qu'on inscrirait tous les ans dans la longue nomenclature des dépenses de l'État. Encore personne ne peut-il dire quelle serait l'importance des bénéfices d'un trafic avec des hordes semi-barbares qui n'ont presque aucun besoin, qui ne possèdent que très peu d'objets d'échange, et qui, de plus, préféreraient les marchandises que les Anglais leur livreraient à meilleur prix, par tous les autres ports de la côte que vous n'occuperiez pas et qui, par conséquent, leur resteraient ouverts.

Sous le point de vue de l'intérêt commercial, l'occupation d'Alger et de quelques autres villes maritimes ne nous donnerait donc pas d'autres avantages que ceux qui pourraient nous être assurés en nous débarrassant des charges de cette occupation.

Sous le point de vue de l'intérêt de notre puissance maritime, il faut remarquer que ni Alger, ni Bone, ni Bougie, ni même Oran n'offrent un port accessible aux vaisseaux et aux frégates ; il n'y a que des rades d'une tenue plus ou moins sûre, mais où nos bâtimens de guerre ne seraient point protégés contre l'ennemi.

Sous le point de vue de notre puissance militaire, on doit considérer que, loin que l'occupation des villes africaines augmentât les forces de la France, elle paralyserait plusieurs milliers d'hommes. Si une guerre sérieuse survenait, on ne pourrait pas en disposer pour la défense de la métropole ; il faudrait, au contraire, leur faire passer des renforts, afin de les mettre en état de résister aux attaques des indigènes excités par les Européens ennemis de la France.

En adoptant l'autre système, celui de l'extension de la domination française autant que nos armes sauraient la faire respecter, de grands sacrifices en hommes et en argent seraient demandés à la France, on ne le nie point ; mais on répond que l'avenir présente, sinon la certitude, du moins des espérances fondées de développement qui dédommageraient la nation de ses sacrifices.

Examinons de sang-froid et écartons les illusions.

Les charges que l'adoption de ce système imposerait sont certaines. Ce sont les espérances de ses défenseurs qu'il faut discuter.

On dit que si les tribus arabes étaient soumises ou refoulées dans l'Atlas, de vastes campagnes seraient livrées à l'industrie des Européens ; qu'il s'y formerait rapidement une population qui donnerait à la mère-patrie de nombreux consommateurs des produits de ses manufactures ; tandis que les indigènes se civilisant, par l'exemple et par le mélange des deux races, accroîtraient le nombre des habitans qui s'enrichiraient et enrichiraient la France par l'échange des productions des deux continens.

Mais ceci est une chimère : les Arabes sont encore ce qu'ils étaient au temps d'Abraham ; jamais ils ne prendront vos mœurs ni vos besoins, nés du climat rigoureux de l'Europe ; jamais ils ne se confondront avec les infidèles. Rien ne leur est plus facile que de porter ailleurs leurs tentes ; ils fuiront loin de vous, là où vous serez les plus forts, et se vengeront en massacrant les soldats isolés et les familles sans défense, en incendiant les habitations séparées. Ne comptez donc point sur la population indigène pour vous fournir des consommateurs ; tout au plus garderez-vous quelques Maures dégénérés qui consentiront à vivre dans vos villes. Reste la population européenne ; mais celle-là, d'où viendrait-elle ? Les Français ne quittent guère leur pays que quand ils ne peuvent y trouver des moyens d'existence, et la France peut encore offrir travail et salaire à tout homme vigoureux qui veut employer ses bras ; pourquoi les porterait-il en Afrique ? Elle ne recevra que des vagabonds, des hommes repoussés par la justice de leur pays ; avec de pareils élémens une colonie ne saurait réussir. Les établissemens des Européens dans l'Amérique septentrionale ont prospéré parce qu'ils ont été fondés par des hommes laborieux, religieux, qui allaient chercher la liberté de professer leur culte, et non par des hommes ennemis de toute contrainte et de tout frein moral. Ils ont trouvé dans ce vaste continent un climat tempéré, des forêts qui fournissent les matériaux les plus commodes pour construire les habitations, un sol profond et fertile, et des fleuves aussi nombreux que puissans, ouvrant une voie facile à l'exportation des produits du labeur des colons. Le pays n'était, d'ailleurs, occupé que par des hordes se nourrissant de la chasse et de la pêche ; hordes qui parcouraient certaine étendue de territoire, excluaient de certaines forêts et des bords de certaines rivières les autres hordes, mais qui ignoraient absolument l'agriculture, n'élevaient pas même de bestiaux, et ne connaissaient point dès lors la propriété du sol; de sorte que, naturellement et sans efforts, elles ont porté dans des lieux plus reculés leurs flèches et leurs hameçons, à mesure que le poisson et le gibier disparaissaient devant la population et les arts des hommes civilisés.

Tous ces immenses avantages, qui ont permis aux Etats-Unis de s'élever à ce haut degré de prospérité qui fixe en ce moment les regards du monde, ne se trouvent nullement en Afrique. Là point de forêts, si ce n'est peut-être sur les flancs de l'Atlas où nous n'avons pas pénétré; point de fleuves, si ce n'est des rivières torrentueuses, tantôt gonflées par les pluies de l'hiver, tantôt desséchées par les ardeurs de l'été, en tout temps impraticables à la navigation; un sol tantôt sablonneux et aride, tantôt argileux et marécageux; et de ce sol vous ne sauriez en disposer. Les parties les moins stériles, celles qui sont situées à portée des villes ou dans des vallées abritées, sont possédées par des propriétaires qui ne céderont leur terrain qu'à haut prix, si le Gouvernement français les couvre de sa justice, ou qui deviendront des ennemis irréconciliables s'ils sont dépouillés par la violence ou par les manœuvres coupables des Européens. Le reste des plaines est le domaine de tribus nomades, qui ont besoin du parcours de ces pâturages pour exister; le leur interdire, c'est faire naître en elles le désir de la vengeance et le besoin du pillage.

Que l'on considère encore que presque aucun des établissemens fondés par les Français n'a réussi entre leurs mains. Nous n'admettrons pas que le Canada et Saint-Domingue suffisent pour détruire l'assertion générale. Il y a dans notre caractère trop d'ardeur, trop d'impatience; dans nos conseils, trop de mobilité. Notre imagination, qui nous montre d'abord des trésors faciles, nous montre d'affreux désastres dès que la plus courte expérience a dissipé les illusions. Le découragement saisit les colons; ils succombent à la nostalgie, ou reviennent rapporter dans la métropole de lugubres récits de leurs misères ; les esprits en sont frappés et l'engouement fait place au dégoût.

Craignez que ce ne soit l'histoire de votre entreprise à Alger ! Des années de patience, de résignation, de travaux assidus et pénibles seraient nécessaires pour recueillir quelques fruits de vos sacrifices. Ces sacrifices seront incessamment sous vos yeux ; chaque année ils reparaîtront dans le budget, sans que des avantages évidens viennent les alléger. Vous récapitulerez tous les millions enfouis sur ces plages ingrates ; et effrayée de la masse de numéraire qu'elle aura dépensée sans résultat, la France reprochera à son Gouvernement d'avoir trop facilement cédé à l'impulsion d'une opinion de mode et de préventions irréfléchies. En effet, les dépenses qu'il s'agit d'imposer à la nation sont assez importantes pour mériter la plus sérieuse attention. Depuis 1831, les frais de l'armée d'occupation figurent chaque année dans les différens chapitres du budget du ministère de la guerre pour 22,000,000 fr. environ, mais il faut joindre à cette somme le montant des dépenses qui restent confondues dans d'autres chapitres, celui des dépenses faites par le ministère de la marine et par le ministère des finances. Il résulte des renseignemens recueillis sur ce sujet par la commission, que la dépense totale faite annuellement ne peut être évaluée à moins de 30,000,000 fr. Ainsi les fonds sortis de France depuis trois ans, par suite de la présence de nos troupes en Afrique, forment déjà une masse de 90,000,000 fr. ; et cette dépense, loin de diminuer, s'augmenterait nécessairement si l'on cessait de se renfermer dans les villes, si pour dominer le pays il fallait porter des troupes en avant, fortifier une ligne de défense, ouvrir des routes, et si, dans la vue d'un établissement permanent et durable, on voulait construire des casernes dans les places occupées, et perfectionner les ouvrages de leurs ports. En supposant que 40,000,000 fr. seulement fussent alors appliqués tous les ans à nos possessions africaines, ce serait, pour trois années, une somme totale de 120,000,000 fr.; et serait-il chimérique d'appréhender qu'au moment où la France commencerait à retirer quelque profit d'une pareille avance de fonds, une guerre maritime qui viendrait à éclater déterminât l'évacuation d'une colonie harcelée par les indigènes qu'armerait contre nous la politique européenne, et qu'il ne serait plus possible de ravitailler sans des frais et des risques excessifs?

La prudence, une juste appréciation des sacrifices et des avantages, des faits du présent et des chances de l'avenir, conseillent donc de se contenter des résultats certains déjà obtenus pour la gloire des armes de la France, pour la sûreté de sa navigation et pour le développement de son commerce. Ces derniers seraient garantis, ainsi que nous l'avons indiqué, par les dispositions que le Gouvernement stipulerait en remettant les points que nous occupons en ce moment, soit à un gouvernement que les Maures formeraient à Alger pour remplacer, peut-être même sous notre protection, l'ancienne Régence, soit à celle des puissances voisines, Tunis, Maroc ou l'Égypte, qui nous assureraient les meilleures conditions.

Ceux qui n'ont point partagé l'opinion qui vient d'être développée ont répondu que si, au moment où les vaisseaux français ont quitté Toulon, le Gouvernement avait hautement déclaré que l'expédition avait pour but de punir le Dey, et que, lorsque Alger aurait été mis hors d'état de se livrer de nouveau à la piraterie, l'armée rentrerait en France, sans doute l'honneur national n'aurait point souffert quand elle aurait abandonné un pays qu'elle n'avait pas eu mission de conquérir; mais que les choses ne sont point ainsi. Tous les actes du Gouvernement, toutes les paroles de ses agens, les votes même de la législature ont manifesté, à la face de l'Europe, que la France entendait conserver Alger. Renoncer aujourd'hui à cette conquête serait blesser sa fierté ; on ne verrait dans cet abandon qu'une condescendance forcée à des suggestions étrangères. Les intérêts particuliers, déjà formés sous la protection du Gouvernement, qui seraient abandonnés, exciteraient de justes mécontentemens ; on ne pourrait les affronter qu'en démontrant d'une manière irréfragable que tous les sacrifices qui ont été faits, ou qui seraient faits pour l'occupation de la côte d'Afrique, sont ou seraient en pure perte, de sorte que l'intérêt général commande impérieusement d'être sourd aux cris des intérêts privés et de ne pas épuiser les trésors de l'État pour satisfaire à un vain orgueil.

Et d'abord, une nation n'est elle pas obligée, de même qu'un individu, d'acheter sa considération? Sans doute, le prix qu'elle peut y mettre doit être limité par la raison ; mais peut-on méconnaître que la France, dominant sur l'autre rive de la Méditerranée, faisant flotter ses drapeaux là où s'élevaient les étendards du Croissant, transformant les places d'armes des pirates en ports hospitaliers, montrant à l'Afrique la justice et l'humanité de ses lois, les merveilles de l'Industrie et des arts, grandira dans l'esprit des peuples? L'idée de sa puissance et de sa force n'en sera-t-elle pas accrue, et n'en rejaillira-t-il pas dans le cœur de chaque Français un sentiment de noble satisfaction? Pourrait-on nier que, si la France avait à déployer ses forces dans une guerre maritime, la possession de la côte d'Afrique ne donnât à notre marine militaire et marchande de nouveaux et utiles moyens de ravitaillement et d'abri? La rade de Mers-el-Kébir ne peut-elle pas recevoir des vaisseaux de haut bord qui, de cette station, protégeraient, surveilleraient le passage du détroit de Gibraltar.

Mais l'on dit que, dans le cas où cette supposition de la guerre maritime viendrait à se réaliser, la France ne tarderait pas à perdre sa colonie ; nous répondons qu'un examen attentif repousse cette crainte.

La colonie ne pourrait être attaquée que par les tribus indigènes, par une flotte ou par des troupes européennes qui auraient été débarquées. Les Arabes et les Cabaïles, qui peuvent harceler et même ruiner à la longue une armée obligée de marcher et de se diviser pour couvrir le pays, sont absolument hors d'état de forcer le moindre poste défendu par la mousqueterie et l'artillerie.

Les villes occupées par les troupes françaises seront toujours garanties des attaques des vaisseaux qui prétendraient les contraindre à capituler.

La nature de la côte rend généralement très difficile pour les vaisseaux de guerre l'approche de ces villes ; s'ils parvenaient à s'en approcher, le feu des batteries, les boulets rouges ne tarderaient pas à les forcer de reprendre le large.

Quant à une attaque faite à la suite d'un débarquement, il doit suffire, pour montrer combien la chance en est peu probable, de rappeler que la France a employé 35,000 hommes de troupes de terre et 28,000 marins pour réduire Alger défendu par les Turcs, et qu'une armée au moins aussi considérable serait certainement nécessaire pour entreprendre le siége de cette ville fortifiée et défendue par le génie, l'artillerie et la valeur de l'armée française.

Les sacrifices en hommes et en argent que la conservation de la conquête exigerait ne sont, d'ailleurs, pas immenses, illimités comme on l'a prétendu ; il est facile de les restreindre dans de justes bornes et de les balancer avec les résultats obtenus. Ne jugeons point de ces résultats par le passé : des fautes ont été faites, elles serviront de leçons pour l'avenir. On peut adopter un système d'occupation tellement combiné qu'en repoussant des dépenses exagérées il assure cependant à la France, outre les avantages politiques qu'on ne saurait contester, les avantages commerciaux qui dérivent de la possession des principaux marchés d'une côte aussi étendue, où les habitans de l'intérieur viendront échanger les produits de leur sol contre ceux des arts de l'Europe; un système qui dispose les indigènes à reconnaître l'autorité de la France ou du moins son influence; un système enfin qui, ayant la paix pour but, écarte des hostilités meurtrières et ruineuses, et prépare la voie aux développemens de la culture et de la population, favorisées par les villes françaises qui seraient autant de centres de civilisation et de protection. Ceux qui tirent de l'histoire la conclusion que jamais les Musulmans ne consentiront à vivre sous la domination d'un peuple chrétien, que jamais un rapprochement entre les races des deux religions ne sera possible, nous paraissent n'avoir pas apprécié suffisamment les différences des temps et des circonstances. Pendant des siècles, les guerres entre les Européens, les Asiatiques et les Africains ont été excitées par les haines religieuses. L'extermination des infidèles était non-seulement le moyen, mais même le but avoué de la guerre; de là résultait qu'aucune paix n'était sincère; la vengeance et la haine couvaient au fond des cœurs des deux partis; mais depuis que chez l'un le fanatisme s'est tempéré, et que chez l'autre le véritable esprit du christianisme a triomphé; que la tolérance a désarmé la persécution, on a vu les Musulmans se ranger sous la domination chrétienne, pourvu que la liberté de leur culte et de leurs coutumes fût suffisamment garantie. la Russie, L'Inde, les souvenirs que l'Égypte a conservés, en offrent assez de témoignages. On ne serait donc pas autorisé à soutenir que la différence des religions ne permet point à la France de substituer son autorité à celle de la Régence turque qui gouvernait Alger. Sans doute c'est une difficulté à vaincre que les préventions des indigènes contre les chrétiens, que l'inimitié encore gardée par la plupart des

Musulmans aux infidèles ; mais ce n'est pas une difficulté insurmontable. Si nous n'avons pas, comme le Dey, la conformité de foi à mettre dans la balance, nous y mettrons la justice ; la justice est comprise par tous les hommes, elle compensera ce que nous ferait perdre la religion. Des négocians français transporteront leurs établissemens dans les ports que la France possédera ; des artisans y exerceront leur industrie ; des agriculteurs tenteront d'arracher à la stérilité ces terres jadis fertiles, et de là ressort une considération qui ne saurait échapper à ceux qui sont appelés à examiner la situation de la France. A la suite de longues dissensions civiles, lorsque les jeux des révolutions ont souvent élevé les fortunes les plus imprévues, quand le retour du calme, quand le rétablissement du cours ordinaire des choses ont arrêté ce mouvement si rapide des destinées, il reste des hommes d'un esprit plus ardent, plus porté à l'inquiétude, pour qui la règle, l'uniformité sont un poids trop lourd. Alors une colonie avec ses chances diverses, ces alternatives de succès et de revers qu'offre un théâtre moins resserré dans les conditions de l'ordre d'une vieille société, est un moyen utile d'employer ces hommes et de faire tourner à l'avantage général leur inquiète activité.

Abandonner nos conquêtes serait offenser la nation dans son légitime orgueil, sacrifier des avantages de commerce et de puissance politique, et renoncer aux espérances que permet de former l'extension de la domination française sur les contrées qui environnent les villes que nous occupons.

D'après ces motifs, la commission a été d'avis, à la majorité de dix-sept voix contre deux, que la France devait conserver ses possessions sur la côte septentrionale de l'Afrique.

Du système de l'occupation.

La commission s'est trouvée presque unanime sur cette

première et fondamentale résolution ; mais il n'en a pas été de même relativement au système qu'il conviendrait d'adopter pour l'occupation et le gouvernement de ces possessions.

Plusieurs opinions se présentaient.

On peut se borner à occuper les principales villes maritimes.

On peut agir dans un but d'extension et de conquête, et tenter dès à présent de pénétrer dans l'intérieur et de soumettre la province de Constantine.

On peut, enfin, prendre un système intermédiaire, une sorte de moyen terme, où l'on s'efforcerait de réunir les avantages des deux plans extrêmes : on garderait les villes occupées, et, autour de ces villes, un territoire dont on étendrait progressivement les limites, à mesure que des circonstances favorables viendraient à s'offrir.

Les membres de la commission qui auraient voulu que la France se bornât à occuper les villes maritimes avançaient que cette occupation, ainsi restreinte, était le seul système dans lequel on pût arriver à un état de paix permanent et stable, et dans lequel, par conséquent, les dépenses pussent être exactement prévues ; elles ne se composeraient que des travaux de fortification et de casernement, et de la solde des troupes. Les travaux de fortification seraient peu de chose, pour le moment du moins, puisqu'il suffirait d'entretenir dans chacune de ces villes une enceinte capable de résister aux attaques des indigènes. Les casernes seraient peu dispendieuses, puisque les garnisons, qui n'auraient jamais à faire la guerre au dehors, et qui n'auraient qu'à repousser des troupes irrégulières, seraient peu nombreuses. Cependant, cette occupation, si peu coûteuse, donnerait dès à présent les avantages politiques qui ont été d'un si grand poids dans la résolution de la commission, et elle ouvrirait au commerce de nos provinces méridionales des débouchés d'autant plus grands que, la paix régnant autour des murailles de ces villes françaises, toutes les tribus de l'intérieur viendraient profiter de leurs marchés.

La paix régnerait : en effet, il n'y aurait plus de sujets de guerre. La France n'irait point troubler les Arabes et les Cabaïles dans la jouissance de leurs propriétés. Les scheicks et les marabouts, n'ayant plus à craindre pour leur pouvoir, n'auraient plus à entretenir leurs tribus en état d'hostilité contre des conquérans qui menaceraient de tout envahir; d'un autre côté, les deux grands mobiles des expéditions guerrières chez les Orientaux auraient disparu : la vengeance et le pillage. La vengeance : il n'y aurait plus de collision entre les soldats français et les Arabes ; les représailles auraient cessé. Le pillage : toutes les propriétés françaises seraient couvertes par des remparts insurmontables aux guerriers de l'Afrique.

N'est-il donc pas présumable que les hommes influens du pays comprendraient la nécessité de mettre un terme à une lutte sans espoir de succès, et de former avec les Français des relations où ils trouveraient des avantages certains?

En même temps, les villes d'Alger, d'Oran, de Bone et de Bougie, ouvertes au commerce de toutes les nations, seraient un lieu d'asile où les Maures, les Arabes, les Turcs et les Juifs trouveraient une commune protection pour leurs propriétés et pour leurs cultes.

Une justice impartiale garantirait tous les intérêts, et une police éclairée et protectrice ferait sentir à tous ces hommes de races diverses les bienfaits de la civilisation.

Les heureux résultats qu'on peut attendre de l'occupation des villes de la côte, comme entrepôts du commerce, comme marchés ouverts entre l'Europe et l'Afrique, et du rétablissement des relations pacifiques avec les peuples natifs, n'ont point été contestés ; mais on a fait observer qu'en se renfermant aussi strictement dans l'enceinte des forteresses, c'était perdre toute influence sur les Arabes ; qu'il se formerait parmi eux de nouveaux centres d'autorité et d'action ; que les chefs ennemis des chrétiens, inquiets de l'avenir, pourraient interdire de trafiquer avec les villes occupées, intercepter les communications, et tarir les sources de notre commerce ; qu'il faudrait, en outre, non-seulement renoncer aux espérances que l'accroissement de la population et le développement de la culture aux environs de ces villes permettraient de concevoir, mais même abandonner les propriétés déjà acquises par des Européens. Voulût-on trancher dans le vif, déclarer que le Gouvernement ne prend point cette circonstance en considération, que les acquéreurs ont spéculé, que les colons se sont établis à leurs risques et périls, obtiendrait-on qu'une garnison française laissât égorger ses compatriotes sous ses yeux, au pied de ses murailles ? Obtiendrait-on que jamais les soldats ne franchissent les portes de la ville, et que si un Français succombait aux embûches des Arabes il n'en fût tiré aucune vengeance ? Enfin, si des Maures, des Arabes, quittant notre marché, étaient assaillis par d'autres indigènes qui voudraient les dépouiller, et qu'ils implorassent notre secours, serait-il interdit à la garnison de sauver de ce brigandage des hommes qui auraient compté sur sa protection ? L'humanité, l'honneur militaire, ainsi que l'intérêt des habitans de la ville exciteraient de concert à violer une pareille interdiction.

Le système qui imposerait de se renfermer rigoureusement dans l'intérieur des forteresses, attaqué d'exceptions en exceptions, ne serait donc pas soutenable ; et d'ailleurs, serait-il possible de décider que la France renoncerait à jamais à étendre, comme l'avaient fait les Turcs, son autorité sur les tribus voisines des villes et à répandre ainsi le bienfait d'un gouvernement équitable ? Si une tribu désirait se placer sous la protection de la France, faudrait-il la repousser ? Ne serait-ce pas une conséquence outrée du système de pacification et de modération que la commission reconnaît unanimement devoir être la base et le but de notre établissement en Afrique?

A la suite de la discussion dont nous venons de résumer les principaux argumens, on s'est réuni à penser que, dans l'exécution, ce système ne devait rien comporter d'absolu; qu'en ménageant les ressources du présent il ne fallait point fermer l'accès aux chances favorables de l'avenir. Le Gouvernement doit conserver les villes fortifiées, conserver également le territoire que nos troupes peuvent facilement défendre autour de certaines de ces villes, et chercher à étendre l'autorité et l'influence de la France par toutes les combinaisons qu'autorisent et le droit qu'elle tire de la conquête qui l'a substituée à la Régence, et les règles d'une politique humaine et éclairée.

La commission ayant adopté le principe de l'occupation sur cette triple base, il s'agissait de l'appliquer aux différentes parties du territoire de la Régence qui sont en ce moment dans la possession de la France. Elle s'est livrée à cet égard à une discussion approfondie; nous allons en présenter la substance.

Les troupes françaises tiennent garnison à Alger, à Bone, à Bougie et à Oran, ainsi qu'à Mostaganem et à Arzew. Nous commencerons par Alger; c'est le point dominant, celui à la possession duquel se lient les idées de puissance et d'autorité centrale; nous y rencontrerons naturellement plusieurs questions générales dont la solution s'étendra aux autres points de la Régence.

ALGER.

Alger était la capitale, le siége du gouvernement turc.

Toutes les parties du vaste territoire compris entre les

Etats de Tunis et ceux de Maroc obéissaient aux ordres partis d'Alger, ou du moins reconnaissaient la suzeraineté du Dey. Le gouvernement français, maître d'Alger, se trouve investi du pouvoir de ce prince; il est fondé à en revendiquer les droits.

La ville est assez considérable pour attirer le commerce et offrir les ressources nécessaires à l'établissement des différens services du Gouvernement français en Afrique. Elle avait, avant le siége, 35 à 40,000 ames.

Les Turcs ont été expulsés; les exigences d'une armée victorieuse, le logement des militaires dans l'intérieur des maisons, si contraire aux coutumes musulmanes, ont déterminé beaucoup de Maures à s'éloigner. L'émigration forcée des uns, l'émigration volontaire des autres, ont réduit cette population, malgré l'arrivée de 4,000 Européens, à 25,000 ames.

Beaucoup de ces Européens ont acheté des maisons dans la ville; d'autres ont acheté des propriétés en dehors de son enceinte, principalement sur le groupe de collines qui entoure Alger et qui est limité au couchant par le Mazafran, au levant par l'Aratch, et au midi par la plaine de la Métidja. On désigne cet espace sous le nom de *Massif d'Alger.*

Facile à défendre par sa configuration et son relief, des camps retranchés, liés par des blockaus, le mettraient complètement à l'abri des incursions des Arabes.

C'est là que sont construites les maisons de campagne des riches Algériens et des consuls étrangers, au milieu de plantations d'oliviers, de figuiers et de myrtes.

Malheureusement ces maisons et ces plantations ont beaucoup souffert du voisinage des camps. Les soldats, pour se procurer du bois de chauffage, ont enlevé des portes, des fenêtres, des pièces de charpente, abattu et coupé les arbres les plus précieux.

On s'accorde à reconnaître que le sol du massif, peu propre à la culture des céréales, est particulièrement favorable aux oliviers et aux mûriers. Les produits de l'horticulture trouvent, d'ailleurs, par le voisinage d'Alger un débouché certain.

On est autorisé à croire que si toutes les parties du massif (sa surface est de vingt-cinq lieues carrées) étaient mises en rapport, l'approvisionnement d'Alger serait assuré en fruits, en légumes, en fourrage, si ce n'est en grains ; mais on peut espérer que ce qui manquerait en denrées de cette nature serait fourni par l'agriculture des tribus voisines.

Aujourd'hui, les Maures apportent déjà beaucoup de grains de Cherchel à Alger, et le commerce doit s'étendre, se consolider avec la sécurité de la domination française et l'habitude de relations mutuellement profitables. Même dans la supposition d'un blocus maritime, il est à présumer que les arrivages ne seraient point interrompus ; les petits bâtimens maures, en longeant la côte, continueraient à apporter les productions du pays à un marché avantageux.

La commission a été d'avis que le massif d'Alger devait être conservé. En l'occupant, on crée autour de la ville comme une espèce de banlieue qui assure à ses habitans et aux militaires un rayon où ils peuvent librement parcourir la montagne. On assure l'approvisionnement de ses marchés en fruits, en légumes et même en grains pour une partie de sa consommation.

On protége les propriétés acquises, dans ce rayon, par des Français.

Du reste, en considérant séparément la dépense qui résulterait de l'occupation du massif, elle n'est pas d'une importance qui puisse arrêter. L'augmentation de la quantité de troupes nécessitée par l'établissement des postes qui le couvriraient est très peu considérable. Tant que la position avancée serait conservée, la ville n'aurait besoin que d'une faible garnison pour y maintenir l'ordre ; et si, par quelque circonstance peu probable, on était contraint de l'évacuer, les troupes, en se repliant sur Alger, reporteraient sa garnison à la force nécessaire.

La ligne de défense est à peu près établie ; l'objet le plus important auquel il faudrait pourvoir, c'est la construction d'un camp retranché à Douéra, où les troupes seraient logées dans des baraques. La position centrale et dominante qu'elles occuperaient éloignerait tout danger d'une attaque sur les autres parties du territoire protégé.

Quant aux dépenses qu'on demanderait pour favoriser le développement de la culture et de la population, elles se réduiraient à celles de la construction des routes qui traverseraient le massif, ou plutôt de leur achèvement. Ces routes sont déjà ouvertes sur une longueur de... mètres. Tout le reste serait à la charge des colons. Ils s'établiraient à leurs risques et périls. Le Gouvernement ne leur assurerait qu'une protection efficace contre les incursions des Bédouins et la libre jouissance des produits de leurs travaux.

Une discipline sévère serait maintenue ; il paraît que trop souvent elle a été négligée, et que les soldats, poussés par le funeste préjugé que tout leur est permis dans un pays conquis, ont étendu la maraude sur les propriétés de leurs compatriotes tout autant que sur celles des Maures.

Les Maures possèdent encore une grande partie du massif. Les Français ne pourraient devenir propriétaires à leur place qu'en traitant de gré à gré avec eux. Les propriétés domaniales, dans l'intérieur du massif, ne consistent qu'en une centaine d'hectares.

Mais si la commission ne s'est pas divisée, quant à l'utilité de ne point se renfermer dans l'enceinte d'Alger et d'occuper le massif qui forme sa banlieue immédiate, il n'en a pas été de même lorsqu'on a proposé de ne pas borner ainsi le territoire occupé et d'en porter les limites jusqu'à l'Atlas.

Au pied du massif commence une vaste plaine (la Métidja)

qui s'étend entre l'Hamise et l'Ouedjer jusqu'à la chaîne de l'Atlas, sur une longueur de douze à quinze lieues.

Sa largeur, entre le massif et les premiers revers de l'Atlas, est de six à huit lieues. Le centre de cette plaine est généralement marécageux ; quelques parties seulement en sont cultivées par les Arabes, qui habitent sur les collines voisines pour se préserver des exhalaisons malfaisantes. Un chemin qui part d'Alger traverse ces marais et conduit à Belida, petite ville située au pied des montagnes, dans une vallée fertile plantée d'orangers et d'autres arbres fruitiers : Belida est à treize lieues d'Alger.

Portez vos troupes à Belida, a-t-on dit ; établissez-les dans cette ville ; entourez-la des ouvrages nécessaires pour résister aux attaques que pourraient tenter les indigènes ; construisez des casernes, un hôpital, une manutention ; placez-y une garnison de 3,000 hommes qui inspirera le respect du nom français à toutes les tribus de cette partie de l'Atlas. Un établissement moins important, mais sur un plan analogue, à Coléah, couvrira la droite de votre territoire ; d'autres postes fortifiés entre l'Atlas et le cap Matifou couvriront sa gauche.

Votre autorité sera alors respectée ; vos colons seront protégés, défendus sur un territoire, non plus restreint comme le massif, mais offrant une superficie de plus de cent vingt lieues carrées. Des dépenses seront nécessaires, tant pour l'occupation permanente de Belida et des autres postes fortifiés, et la construction de routes qui permettent d'assurer les services des troupes, que pour dessécher la Métidja. Ces dépenses seront considérables, il est vrai, mais elles sont indispensables pour réaliser les espérances de la nation. Nos possessions d'Afrique prendront le caractère d'une vaste et riche colonie ; cette colonie ouvrira la voie du travail et de la richesse à une nombreuse population. Si une guerre maritime survenait, nos établissemens se suffiraient à eux-mêmes. Le commerce de nos ports du Midi en recevra une vie nouvelle, et, par le mouvement successif de la circulation, la France entière en ressentira un heureux effet. Vous semerez pour recueillir ; autrement vous jeterez vainement en Afrique des hommes et de l'argent, vous ne retirerez jamais l'intérêt d'avances dispensées d'une main avare.

Cette proposition a été vivement combattue.

Dans le système de cette vaste colonisation, de cette extension immédiate de nos conquêtes, ont répondu ses adversaires, nous voyons, de nouveau, des sacrifices présens et certains pour des espérances éloignées et douteuses ; il faut examiner et apprécier les uns et les autres.

La commission envoyée en Afrique, dont la majorité a adopté ce système, a présenté un état des dépenses qu'exigeraient l'occupation de Belida et l'établissement de la ligne de défense telle qu'elle vient d'être indiquée. D'après cet état la construction des casernes, des hôpitaux, de la manutention, qu'elle regardait comme nécessaires pour occuper ce point qui serait la tête de toute la position militaire, ainsi que les fortifications qu'on élèverait autour de la ville, coûteraient 600,000 francs ; les postes fortifiés et munis de logemens pour les troupes qui couvriraient la ligne, 500,000 francs ; l'ouverture de routes nécessaires pour communiquer en toute saison avec Belida et les autres points occupés, en retranchant les portions de l'intérieur du massif qui seraient également à construire dans l'autre système, 1,000,000 de francs.

Enfin, on évalue les travaux à exécuter pour le desséchement de la Métidja à 1,600,000 francs.

La totalité de la dépense pour les travaux de construction de fortifications, de routes et de desséchement serait donc de 3,700,000 francs. Mais comment ne pas craindre qu'une évaluation faite dans de pareilles circonstances ne soit pas excédée? Personne n'ignore que dans l'intérieur du royaume les devis rédigés à loisir, en pleine connaissance des prix des matériaux et de la main-d'œuvre, et à côté de nombreux exemples de travaux du même genre déjà exécutés, se trouvent, on peut dire sans exception, au-dessous de la réalité. Plus les travaux sont considérables, plus ils sont de nature à admettre des accidens inattendus, plus il est nécessaire de se tenir en garde contre des calculs qui ne sont que des leurres dangereux. Cette observation prend bien plus de force quand elle s'applique à des travaux projetés au pied de l'Atlas. Beaucoup des objets qu'exige la construction de bâtimens disposés pour les besoins des mœurs européennes ne devraient-ils pas être tirés d'Alger, où ils auraient été apportés de France; et dès lors à combien de variations ne serait pas exposé leur prix, à raison des arrivages plus ou moins nombreux, ainsi qu'à raison du plus ou moins de difficulté que présenterait le transport du point de débarquement à Belida? C'est ici le lieu de rappeler que le pays n'offre que peu ou point de ressources pour le transport d'objets d'un certain poids. Les voitures y sont inconnues; les indigènes portent tout à dos de chameaux ou de mulets; il faudrait donc recourir aux chariots des équipages militaires : on sait à quel degré ce moyen de transport est dispendieux; les chevaux dépérissent promptement, et le renouvellement du matériel augmente considérablement les dépenses.

Quant à la main-d'œuvre, il est impossible de calculer à l'avance toutes les variations que le prix peut en subir; mais on ne saurait contester les obstacles que, sous ce rapport aussi, on rencontrerait dans l'exécution des travaux. Les indigènes ne fournissent qu'un très petit nombre d'ouvriers, la plupart étrangers aux procédés européens. La rareté de bras, le défaut de concurrence leur permettraient de prétendre à un salaire exagéré; les ouvriers qui viendraient d'Europe seraient plus encore en position d'accroître leurs exigences. On ne pourrait donc guère compter que sur les bras de nos soldats ; mais si un état d'hostilité de la part des tribus environnantes commandait de ne pas les détourner des soins de la guerre, les travaux se trouveraient interrompus. D'ailleurs, qu'on ne perde pas de vue qu'il est ici question de travaux de constructions, et que les régimens d'infanterie n'offrent pas de très grandes ressources en ouvriers de ce genre.

Ces considérations deviennent bien plus graves lorsqu'elles s'appliquent aux travaux de desséchement proposés pour la Métidja.

Que peut être un devis, ou plutôt quelle confiance peut inspirer un aperçu de la dépense de pareils travaux lorsque le plan des ouvrages n'a pas été complètement étudié? Qu'on n'oublie pas qu'en remuant la fange des marais on élève des exhalaisons qui portent les maladies les plus funestes parmi les hommes dont les bras y sont employés ; ce serait sur nos soldats que ces coups frapperaient. En effet, il est reconnu que la population agricole des Arabes est trop faible pour que, même sans faire entrer en ligne de compte les autres obstacles, on pût attendre qu'elle fournirait des ouvriers pour cette opération ; les émigrés qu'on a présentés comme devant arriver d'Europe n'en donneraient pas davantage. Partout la vieille Europe nourrit encore le manœuvre laborieux ; et s'il en est qui, pour améliorer le sort de leurs familles et chercher les chances d'un meilleur avenir, abandonnent le pays natal, ils iront solliciter les plaines fécondes des États-Unis et non pas affronter les exhalaisons meurtrières des marais africains. Les condamnés aux travaux publics sont une ressource bornée, dispendieuse et sujette à des inconvéniens de plus d'un genre ; il faudrait toujours construire des bâtimens pour les mettre à l'abri, et de plus organiser tout un système de garde et de surveillance. Les soldats devront donc, en définitive, être chargés de cette dangereuse et pénible opération ; encore ceux qui s'y livreraient ne seraient-ils pas seuls exposés aux miasmes fétides et aux intempéries ; il faudrait couvrir les ateliers des travailleurs par des corps prêts à prendre les armes pour repousser les agressions des partis arabes. Et qu'on remarque que la Métidja ne renferme pas un abri ; la petite portion qui en était cultivée l'était comme la campagne de Rome ; nous l'avons déjà fait connaître ; les laboureurs descendaient des montagnes et des collines voisines pour confier au sol la semence dont ils venaient ensuite recueillir les produits, sans se livrer au sommeil sur cette terre pernicieuse. L'armée n'a déjà que trop éprouvé ses funestes effets. Plusieurs des camps qui avaient été établis à la portée des exhalaisons délétères ont rempli de maladies les hôpitaux d'Alger.

Mais supposons qu'à force de courage, de persévérance, d'habileté et d'or, ces difficultés aient été surmontées; qu'aurons-nous obtenu ? Quels seront les avantages qui compenseront nos sacrifices? Nous pouvons dire hardiment qu'ils seraient nuls, ou du moins à peu près nuls. Vous aurez une plaine desséchée, mais non défrichée, où ne paraîtra pas une habitation, et loin des forêts qui donneraient des matériaux pour en construire.

Supposons même que vous ayez la libre disposition du sol, que vous n'y soyez pas troublés par les incursions des partis d'une cavalerie nomade qui s'y glisseraient, à la faveur de la nuit, entre nos postes retranchés ; que vous puissiez concéder le terrain aux colons qui se présenteraient pour le mettre en valeur ; il faudrait que ces colons construisissent des maisons, des granges, des étables; achetassent des instrumens aratoires, des bestiaux, et disposassent des avances nécessaires pour attendre, au milieu de l'insalubrité d'une plaine nouvellement desséchée, les premières récoltes. Croira-t-on que des colons qui auraient un pécule suffisant pour fournir aux dépenses que nous venons d'énumérer ne préférassent pas (lorsqu'il s'agit de si graves intérêts, il ne faut pas craindre de se répéter), ne préférassent pas, disons-nous, aller demander aux États-Unis de l'Amérique septentrionale un asile voisin de leurs inépuisables forêts et de leurs magnifiques fleuves?

Vous n'aurez donc que des colons à qui la misère interdira de traverser l'Océan; et ceux-ci seront trop dénués de ressources pour ne pas succomber à tant de causes de ruine qu'ils ne pourront combattre, comme les essais tentés aux villages de Delly-Ibrahim et de Kouba, auprès d'Alger, et par conséquent dans des circonstances bien moins défavorables, en ont fourni un triste exemple. Et cependant les colons de ces villages avaient reçu du Gouvernement des secours, des encouragemens qu'il serait difficile de distribuer à un plus grand nombre de familles; leurs maisons ont été construites aux frais du Trésor public; on les a nourris pendant long-temps des magasins militaires.

Pourrait-on faire les mêmes dépenses pour les colons qui consentiraient à s'établir dans la Métidja? La commission envoyée en Afrique ne l'a point pensé. En effet, les trésors de l'État ne doivent s'ouvrir qu'au profit de la chose publique. Pour justifier les avantages qu'on accorderait à certains individus, il faudrait être déterminé par la considération des avantages que la France en retirerait : or, quels seraient ces avantages? La Métidja mise en culture livrerait-elle à notre commerce des objets qu'il va chercher dans les contrées intertropicales? Nullement : elle fournirait des blés et des fourrages, et pas d'autres récoltes. Le seul bénéfice que la métropole en obtiendrait serait, par conséquent, de fournir à la consommation de la population européenne qui s'y formerait; mais cette population, qui aurait à lutter contre tant d'obstacles, resterait long-temps trop clair-semée, et encore plus long-temps trop pauvre en objets d'échange, pour que sa consommation pesât dans la balance du commerce général de la France. Sans entrer, à cet égard, dans des détails qui dépasseraient les bornes où nous devons nous renfermer, il nous est permis de dire, en pleine confiance, que la masse des capitaux qu'on aurait enfouis dans la Métidja, appliquée dans l'intérieur du royaume au perfectionnement de nos voies de communications fluviales et terrestres, et aux progrès de l'agriculture, produirait un effet bien autrement important pour l'accroissement de son mouvement commercial.

A ces objections d'autres membres ont opposé que le desséchement de la Métidja, ou, pour parler plus exactement, de ses parties marécageuses, car tout n'y est pas marais, était une condition presque nécessaire de l'occupation du territoire d'Alger. Que la ligne des postes militaires soit portée en avant ou qu'elle ne dépasse pas le pourtour du massif, cette opération est également désirable. Dans l'état actuel des choses il existe un foyer d'exhalaisons morbifiques qu'il importe de détruire; si on le laissait subsister, les revers du massif qui dominent les marais resteraient inhabitables, et les soldats campés pour sa défense seraient exposés aux maladies que font naître ces exhalaisons ; en les desséchant, on coupe le mal dans sa racine ; et cependant les travaux peuvent être exécutés sans que les hommes qui s'y trouveraient employés fussent livrés, comme on l'a prétendu, aux ravages des fièvres adynamiques. Il est constant que ces fièvres ne se développent que dans certains temps de l'année; hors de là, on peut remuer les terres à l'abri de tout danger. Les travaux à faire pour opérer le desséchement des portions marécageuses sont d'ailleurs bien moins difficiles qu'on ne semble le croire. Les eaux s'écoulent déjà par plusieurs ruisseaux qui se jettent, d'un côté dans la Chiaffa et le Mazafran, de l'autre dans l'Aratsch. Il suffira de rendre plus libre le cours de ces eaux, et d'ouvrir des rigoles pour assainir les terrains qui sont plus éloignés des moyens naturels d'écoulement. Tout porte à croire que lorsque le lit des ruisseaux était nettoyé, que des rigoles étaient entretenues, la plaine n'était pas ou était bien moins marécageuse qu'elle ne l'est devenue par l'effet de l'ignorance et de l'incurie.

On a proposé de creuser un canal qui traverserait toute cette plaine; mais en tout cas, si un ouvrage de ce genre était nécessaire, il ne s'agirait que d'un canal de très petite dimension, d'un canal de dérivation et d'arrosement, et non de la dispendieuse ouverture d'une voie de navigation intérieure. Déjà, dans ce moment, on travaille à assainir les bords de l'Aratsch, auprès des postes de la Maison carrée et de la Ferme-Modèle; et ces travaux n'offrent ni l'insalubrité ni les difficultés sur lesquelles les adversaires du dessèchement se sont appuyés. Les compagnies disciplinaires fournissent les ouvriers qu'on y emploie. Ce seraient les troupes qu'on chargerait des travaux plus étendus s'ils étaient ordonnés; et de là ressort la réponse à la crainte de l'accroissement de la dépense qui naîtrait de l'exagération du prix de la main-d'œuvre. L'indemnité qui serait allouée aux soldats, soit à raison de la durée, soit à raison de la quantité du travail, serait réglée et réglée modérément. L'État pourvoit à leurs besoins : cette indemnité serait donc calculée comme une sorte de prime d'encouragement, et non d'après le prix de la main-d'œuvre dans le pays. C'est dans la supposition que ce système serait préféré et suivi, que l'ensemble des travaux de dessèchement n'a été évalué qu'à 1,600,000 fr.

Ainsi, la Métidja desséchée mettra nos troupes et nos colons hors de l'atteinte des maladies qui ont été jusqu'ici leurs plus dangereux ennemis. Elle livrera à la culture une plaine fertile, d'où Alger tirera, si les circonstances interrompaient ses relations avec la France ou avec les autres points de la côte, toutes les ressources nécessaires à l'entretien de sa population. Les blés y donneront d'abondantes récoltes. Les parties basses, en ce moment infestées de joncs et de roseaux, fourniront des pâturages qui nourriront de nombreux troupeaux de gros bétail. Les parties plus élevées, que le voisinage des marais condamnait seul à la stérilité en en éloignant le cultivateur, seraient plantées en oliviers et en mûriers. Il y a plus; des essais faits aux environs d'Alger, sans parler de l'analogie du climat de la Métidja avec celui de l'Egypte, autorisent la conviction que le coton y réussirait parfaitement. Cette culture offrirait à la France une matière première qu'elle va chercher au loin, et procurerait aux colons un objet précieux d'échange.

Toutefois, on s'est accordé à reconnaître que, le plan général des travaux n'ayant pas encore été arrêté, il convenait de se borner, pour cette année, à continuer les travaux entrepris aux bords de l'Aratsch, sur les fonds affectés à la colonisation, et que, par conséquent, il n'y aurait pas à demander un crédit spécial pour cet objet en 1834.

On s'est, de plus, accordé à reconnaître qu'il serait prudent d'attendre, pour commencer cette grande opération du desséchement général de la Métidja, qu'on eût établi la ligne de postes fortifiés qui, dans le système de l'occupation plus étendue dont la mise en culture de la Métidja fait partie, doit en couvrir le front et les flancs. C'est à l'abri de ces postes que les travailleurs agiraient avec sécurité.

Les routes qui seront ouvertes rendraient, en outre, l'exécution des travaux plus facile; or, la ligne de défense, les routes ne seront complétées qu'en 1835.

C'est dès lors au commencement de l'année suivante que les travaux pourraient être convenablement entrepris. D'ici à cette époque, les plans auraient été définitivement approuvés, et le Gouvernement jugerait, avec de nouvelles lumières, des fonds qu'il pourrait être utile d'y affecter, à partir de 1836.

A l'égard de la dépense qu'il y aurait à faire pour l'occupation de Belida et des autres postes, la partie de la commission qui a été d'avis d'adopter cette ligne de défense plus étendue a reconnu que la dépense pouvait et devait être fort diminuée. L'établissement de casernes, d'hôpitaux réguliers, ne serait commencé que lorsque le succès des premiers essais justifierait l'application des fonds que demanderaient ces constructions. Jusque là, les troupes seraient baraquées dans des camps retranchés. Ces ouvrages de fortification de campagne suffiront, d'ailleurs, toujours pour résister aux attaques que pourraient tenter les indigènes, de sorte qu'il serait inutile de construire des ouvrages de fortification permanente.

On a fait encore valoir une autre considération : c'est que si l'autorité de la France s'étendait progressivement, comme il est permis de l'espérer, la ligne de défense se porterait naturellement plus loin, et qu'alors il serait fâcheux d'avoir employé inutilement des fonds à l'établissement de postes qui, sous le rapport militaire, auraient perdu la plus grande partie de leur importance.

D'après cette modification, l'extension de la ligne de défense n'exigerait plus, en surcroît de dépense, qu'une somme totale de 1,300,000 fr., savoir :

Établissemens de camps avec baraques et retranchemens, 500,000 fr. ;

Construction de la route de Douera à Belida, 800,000 fr.

Les autres membres de la commission, tout en admettant que l'ajournement du projet de desséchement de la Métidja et le système de prévoyante économie indiqué pour l'occupation de Belida et des autres postes écarteraient une partie des inconvéniens qui dérivaient, à leurs yeux, de l'extension de la ligne de défense jusqu'à l'Atlas, n'ont pas pensé cependant que ce changement suffît pour résoudre toutes leurs objections.

La présence d'un corps français à Belida, ou dans toute autre position militaire qui serait choisie aux débouchés de l'Atlas, serait, nous persistons à le penser, ont-ils dit, une cause permanente d'irritation pour les Arabes et les Cabaïles, et donnerait naissance à de fréquentes occasions d'hostilités. Il est impossible que les tribus belliqueuses qui habitent ces montagnes, de même que les tribus qui habitent au-delà, ne voient pas, dans l'existence de ce corps, la preuve que les Français veulent étendre leurs conquêtes sur leur territoire. Les chefs alarmés exciteront leur fanatisme religieux et national; nos soldats isolés seront attaqués, il faudra les venger. La guerre, avec la destruction qui l'accompagne, les représailles que les nations civilisées prennent elles-mêmes dans les usages des peuples barbares qu'elles combattent, étendront la haine et rendront la paix impossible. Cependant, l'oubli des hostilités, la paix, une paix durable, peuvent seuls amener des relations de commerce qui rendent avantageuse à la métropole l'occupation de cette portion de l'Afrique. Il n'y a, d'ailleurs, dans ce système, plus de moyens de limiter les dépenses.

En se bornant à occuper Alger et à défendre le massif qui serait sa banlieue, 9 à 10,000 hommes seraient une force suffisante. Déjà les Arabes, cédant à l'empire de la nécessité, ont renoncé à l'espoir de nous expulser du terrain où notre domination n'est plus contestée. Ils s'accoutument à nous voir gouverner Alger, le cercle qui l'environne, comme ils s'étaient accoutumés à voir les villes et la côte entre les mains des Turcs. Ils ne font point cause commune avec les Maures. Déjà une convention tacite s'est conclue, et ce sont les conventions les plus solides, sinon les seules solides, que celles qui ressortent d'elles-mêmes de la nature des choses. Cette convention, c'est que les Arabes n'attaqueront point nos postes, ni ne franchiront hostilement notre ligne de défense, et qu'en dehors les troupes françaises n'iront point les inquiéter. Mais comme il n'en sera plus de même quand vous occuperez cette autre ligne bien plus vaste, bien plus agressive, et pourtant bien plus vulnérable, des hostilités inattendues pourront, à chaque instant, venir tromper votre prévoyance et vous contraindre à augmenter vos forces et par conséquent vos dépenses. Que les tribus des environs cessent d'apporter leurs denrées dans vos camps, leurs approvisionnemens devront tous être tirés d'Alger et les convois ne pourront marcher que sous de fortes escortes. Nos officiers, comme bloqués dans de tristes camps retranchés, rêveront incessamment aux expéditions qui leur promettraient quelque gloire en compensation de leurs ennuis; de nouvelles entreprises seront demandées, réclamées par tous ceux qu'anime une généreuse ardeur, de même que par tous ceux que meuvent l'ambition et la soif des récompenses.

Si en se renfermant dans le massif d'Alger 9 à 10,000 hommes suffisaient pour la protection et la conservation de la colonie, il faudrait sans doute au moins 15,000 hommes pour couvrir le territoire compris dans la ligne bien plus étendue qu'il y aurait à défendre.

Indépendamment de l'augmentation de dépenses résultant de la construction des camps et postes fortifiés, ainsi que des routes, il y aurait donc entre les deux systèmes une différence de 5 à 6 millions dans la dépense annuelle, puisqu'on évalue à peu près au taux d'un million la dépense qu'exige l'entretien de 1,000 hommes de l'autre côté de la Méditerranée; et de plus, n'est-il pas incontestable que les circonstances qui obligeraient à des dépenses extraordinaires seraient beaucoup plus nombreuses dans le système de l'occupation poussée jusqu'à l'Atlas?

Toutefois, nous n'hésiterions pas devant ce surcroît de

dépense, si nous apercevions les résultats avantageux et positifs qu'il ferait naître ; mais loin de là, nous n'apercevons dans ce système, même tel qu'il a été modifié, que l'obligation de camper nos troupes d'une manière pénible, et que des occasions d'hostilités qui compromettraient l'avenir. Quant à la colonisation proprement dite, quelques Français se feront céder des maisons à Belida, ou des pâturages dans la Métidja ; mais il s'en trouvera bien peu, s'il s'en trouve, qui veuillent faire les dépenses nécessaires pour défricher et mettre en rapport des terres aussi éloignées de la mer et des marchés des villes.

Ce n'est pas, au reste, que nous entendions interdire de profiter des chances favorables que l'avenir peut présenter, qu'il doit présenter, si nous savons attendre, et laisser au temps à faire ce que le temps seul peut faire. Ce que nous demandons, c'est de marcher pas à pas, d'avancer progressivement, et de n'augmenter les dépenses qu'à mesure que des résultats auront été obtenus. Quand nous serons bien établis dans le massif d'Alger, que la population s'y trouvera trop resserrée, que nous aurons l'expérience du climat et du sol, nous verrons si l'on peut descendre dans la Métidja. Des succès partiels, obtenus par l'intérêt privé, feront juger de ce qu'il serait sage de tenter dans de plus grandes proportions. De même, si lorsque la réputation de notre justice, l'opinion de notre force seront complètement établies, les habitans de Belida, les tribus environnantes, abjurant leur haine et bannissant la défiance, appelaient notre présence, alors il serait temps de porter jusque là les limites de l'occupation militaire.

De l'autre côté de la commission on a répondu qu'il y avait principalement cette différence entre les opinions, que les uns entendaient que la colonisation se renfermerait dans le massif pour se répandre à la longue au dehors de ce cercle de défense et de protection, tandis que les autres entendaient porter immédiatement le cercle en avant, de manière à ce que l'autorité française et la colonisation n'eussent qu'à se développer dans son enceinte, en quelque sorte à la remplir. Il est vrai, ont-ils ajouté, que la Métidja restera assez long-temps vide et dépeuplée; mais sur toutes les autres parties du territoire comprises dans la ligne de défense, les Arabes soumis à l'autorité française pourront vivre en paix, sans être inquiétés par les tribus ennemies, et les Européens, quand ils trouveront des points favorables, pourront se livrer aux entreprises d'agriculture. Il y a plus : la projection de la ligne au pied de l'Atlas est nécessaire pour que le massif soit habité et cultivé avec sécurité. Si l'on se bornait à en défendre la crête, les attaques des Arabes viendraient troubler les colons; les combats et l'effroi seraient à leur porte. Au contraire, la ligne avancée écarte la guerre, la retient au loin; et si quelques partis de déprédateurs pénétraient à travers la chaîne des postes, ils ne pourraient être que peu nombreux, et ils n'oseraient jamais affronter la ligne intérieure de défense que l'on conservera autour du massif. Nous n'admettons point, d'ailleurs, que la défense de la ligne qui nous donnerait immédiatement la libre disposition d'un territoire considérable exigeât plus de troupes que celle de ce massif où l'on voudrait se renfermer. Les corps campés au pied de l'Atlas occuperaient des positions inexpugnables pour les Arabes; et certes ils n'oseraient se jeter dans la plaine, tant que ces positions seraient occupées. Un rassemblement des tribus du pays, dès qu'il a quelque importance, ne marche qu'avec un attirail de chameaux et d'autres bêtes de somme. La longue colonne qu'il forme ne saurait hasarder, sans courir à une destruction certaine, de défiler à portée du moindre corps discipliné qui serait en situation de tomber sur son flanc ou sur ses derrières. Jamais les Arabes ne s'exposent à se voir couper la retraite vers les montagnes. On est donc fondé à soutenir, en toute assurance, qu'aucune masse d'Arabes ne pénétrera en deçà de ces camps retranchés, et qu'ainsi les mêmes troupes que vous auriez établies autour du massif le protégeront plus efficacement en occupant ces positions avancées. Quelques partis d'indigènes, quelques Bédouins poussés par le désir du pillage, pourraient bien passer entre vos postes ; mais pris à dos par la cavalerie qui sortirait de nos camps, tandis qu'ils seraient repoussés par les détachemens laissés dans l'intérieur, ils seraient si maltraités que sans doute les agressions de ce genre auraient bientôt un terme.

Qu'on remarque encore que si des rassemblemens hostiles devaient se former, si des armemens dangereux venaient à se préparer contre nous, les troupes postées auprès de Belida seraient bien plus voisines des points de rassemblement ; elles auraient, pour s'y porter, deux ou trois jours d'avance sur celles qui partiraient d'Alger. En un mot, toutes les fois qu'il faudrait agir, nous prendrions notre base d'opération de notre position avancée au pied de l'Atlas, au lieu de la prendre à Alger, ou tout au plus au bord du massif.

Belida serait un nouveau centre d'où rayonnerait notre influence ; nous y serions au milieu des Arabes, ils s'accoutumeraient à nos mœurs, à nos usages, à vivre avec les Français. Si nous sommes renfermés dans le massif, ils s'abstiendront de nous fréquenter, et rien ne les obligera à vaincre leurs préjugés. Quand nos soldats seront campés au pied de l'Atlas, ils ne pourront éviter de se mêler à eux, de recourir à notre protection et de profiter des occasions d'échange et de trafic que nous leur offrirons.

Ces considérations, long-temps balancées, ont amené la commission à se prononcer pour que la ligne de défense fût portée jusqu'à Belida[1], et couverte sur ses flancs par

[1] La commission, en désignant Belida, a entendu que la ligne de défense serait portée jusqu'à la hauteur de cette ville, mais n'a point prétendu se prononcer sur l'emplacement du corps qui doit être campé aux débouchés de l'Atlas.

les postes qui seraient choisis, à droite, sur la ligne de cette ville à Coléah, à gauche, dans la direction de Belida au cap Matifou.

Toutefois, la décision n'a été prise qu'à la majorité de neuf voix contre sept[1]. Passant ensuite à l'examen des moyens d'exécution, les membres formant la majorité ont fait observer qu'il n'était point dans leur intention de préciser le moment où Belida et les points accessoires seraient occupés; que partageant le désir que cette occupation pût être une opération pacifique, plutôt qu'une entreprise militaire, elle devrait être précédée des mesures convenables pour rassurer les Arabes, et les engager à recevoir nos troupes comme une armée amie et protectrice, et non comme des ennemis; que ce serait, par conséquent, au Gouvernement à décider le moment où des troupes, commandées par des officiers fermes et prudens, seraient envoyées sur les points de la nouvelle ligne à occuper. Les mêmes membres ont seulement soutenu que, dans leur opinion, les circonstances étaient propices, et qu'il était à désirer qu'on retardât le moins possible ce mouvement en avant, qui doit imprimer aux Maures et aux Arabes une haute idée de la puissance de la France, et les convaincre de sa résolution de maintenir sa domination en Afrique.

A cette occasion, la commission, craignant qu'on ne pût tirer du plan qu'elle conseille d'adopter des inductions qui seraient au-delà de sa pensée, croit devoir faire connaître succinctement la manière dont elle envisagerait le projet d'une entreprise sur Constantine, projet déjà plusieurs fois reproduit.

Sans doute il serait facile de pénétrer, en partant de Bone

---

(1) Trois membres étaient absens. De ceux-là deux ont adhéré à l'avis de la minorité, et un à celui de la majorité. La décision adoptée, en supposant tous les membres présens, n'aurait donc eu que dix voix contre neuf.

ou de Stora, jusqu'à Constantine. Un corps de quinze mille hommes renverserait toutes les barrières que les lieux et les hommes pourraient lui opposer; mais si le Bey se retirait devant l'armée française, évitait tout engagement sérieux et jetait sa cavalerie sur nos lignes de communication, on serait bientôt forcé de songer à regagner la côte, pour rejoindre les dépôts et les magasins. Cette retraite enhardirait l'ennemi; il suivrait, harcellerait les colonnes, et les exagérations des rumeurs populaires en feraient un revers pour nos armes.

La conservation de la conquête, un établissement durable dans Constantine et sur les points intermédiaires, qui assureraient les communications au milieu d'une population hostile, exigeraient un tel emploi de troupes et d'argent, que de pareils sacrifices ne sauraient être ajoutés à ceux qu'impose déjà la consolidation de notre établissement dans les villes maritimes et sur le territoire dont elles forment le centre.

Le projet d'une expédition militaire qui aurait Constantine pour but doit donc, dans les circonstances actuelles, être entièrement écarté. Toutefois il n'est pas impossible que l'action de la politique ne puisse amener un chef du pays, qui aurait besoin de renouer des relations commerciales et d'obtenir la protection de la France, à se soumettre à la domination française; mais, à cet égard, tout dépend du temps et des occasions qu'il ferait naître.

La commission s'étant fixée sur l'étendue à donner à l'occupation du territoire d'Alger, elle croit utile de récapituler l'ensemble des dépenses que cette occupation rendrait nécessaires.

La majorité a été d'avis, d'après les considérations précédemment développées, qu'un corps de 12,000 hommes serait suffisant pour la défense de la ville et du territoire qu'elle propose d'occuper : ce serait une dépense annuelle de 12,000,000 fr.

Les fortifications de la ville suffisent pour repousser toutes les attaques des indigènes ; pour la mettre en état de résister à un siége régulier, le génie demande la construction d'ouvrages qui sont évalués à 3,410,000 fr. Le génie propose également de construire un fort dans la presqu'île de Sidi-Ferruch ; c'est le point le plus favorable pour un débarquement, et par conséquent celui qu'il est le plus utile de fortifier. La construction de ce fort est évaluée à 500,000 francs ; mais, dans l'état actuel de l'Europe, il n'est rien qui puisse autoriser à craindre que quelque puissance rivale réunisse une armée qui débarquerait, pour tenter d'expulser les troupes françaises. Il n'est, par conséquent, point pressant d'exécuter ces travaux, et on sera libre d'affecter d'abord les fonds disponibles au casernement, aux routes et aux postes fortifiés qui protégeront le territoire occupé. Les travaux nécessaires pour compléter le casernement des troupes sont évalués à. . . . . 600,000 fr.

Les travaux maritimes, à. 640,000

Les travaux des bâtimens civils, aqueducs, etc., à. 1,150,000

Les travaux des routes, à. 1,700,000

Les travaux des camps et postes retranchés de Belida et de la ligne de défense ont été évalués à 1,000,000. fr.

Le total de l'évaluation des travaux que la commission pense devoir être exécutés est donc de 9,000,000 fr.

Mais il ne faut pas perdre de vue que ces travaux seront nécessairement répartis entre plusieurs années; en supposant qu'on pût les exécuter en cinq ans, la dépense annuelle serait, en terme moyen, de 1,800,000.

Quant aux dépenses des différentes branches de l'administration civile, elles ont été, jusqu'à présent, annuellement de 1,500,000 fr.

Il y a lieu de penser qu'une meilleure répartition peut être faite de cette somme, mais qu'elle ne pourrait être sensiblement diminuée.

Il résulte de ces détails que la dépense de l'occupation d'Alger, avec un territoire déterminé comme la majorité de la commission a pensé qu'il devait l'être, serait annuellement :

Pour les troupes, de............	12,000,000 fr.
Pour l'administration, de........	1,500,000
Pour les travaux de défense, de casernement et de routes, de............	1,800,000
Ce qui ferait un total de.........	15,300,000 fr.

Il est superflu de faire remarquer que si l'on n'ordonnait point l'exécution de nouveaux projets, la dépense du troisième article devrait cesser de figurer au budget à partir de 1839.

BONE.

La rade de Bone offre un assez bon mouillage, au moins pendant la plus grande partie de l'année. La ville est entourée d'une campagne fertile. Des relations de commerce se sont ouvertes facilement avec les tribus des environs; les Arabes montrent plus de confiance, moins d'éloignement pour les chrétiens. On attribue cette disposition aux rapports qu'ils ont entretenus avec les Français, pendant que la Compagnie d'Afrique possédait les comptoirs de la Calle et du Bastion. C'est un fait important à constater; il prouve que les Arabes ne méconnaissent point les avantages du commerce, et que des relations basées sur la justice et sur un commun intérêt adoucissent leurs mœurs. Dans les autres parties de la Régence, les mêmes mesures peuvent amener les mêmes résultats.

La commission a été d'avis que la ville de Bone devait être

conservée, et comme port de commerce et comme centre d'un cercle d'où la culture et les relations commerciales s'étendraient dans l'intérieur.

La ville est en état de défense contre les attaques qu'on pourrait appréhender de la part des indigènes. Il serait inutile d'en augmenter les fortifications avant que la réalisation de nos espérances, avant que l'accroissement des richesses créées sous la domination française, ne justifiassent la dépense qu'exigerait l'établissement de fortifications régulières et permanentes ; mais il est des travaux de la plus grande urgence ; ce sont ceux qui sont nécessaires pour le logement de la garnison, et pour disposer des bâtimens propres au service des hôpitaux.

La ville, comme nous l'avons rapporté, a été presque entièrement détruite. A peine a-t-on pu y trouver des abris suffisans pour une partie des troupes ; et les hôpitaux, à l'époque où de nombreuses maladies accablaient nos soldats, sont restés dans un état déplorable. Il est hors de doute que, lorsque la garnison sera logée d'une manière salubre, le nombre des malades diminuera, et que, lorsque les soins médicaux seront mieux assurés, la proportion de la mortalité diminuera également.

Des travaux devront aussi être exécutés pour rectifier le cours de la Seybouse et celui de la Bougima, qui viennent se jeter dans le port de Bone. On préviendra la stagnation des eaux douces mêlées avec les eaux de la mer, et on enlèvera une des principales causes de l'insalubrité de la ville, insalubrité qu'on s'accorde à présenter comme ayant pris une plus grande intensité depuis un certain nombre d'années.

La plaine qui entoure Bone offre des essais de culture qui autorisent à en concevoir de grandes espérances. Des acquisitions y ont été faites par des Français, et là, comme auprès d'Alger, des intérêts se sont créés et demandent la protection du Gouvernement. En même temps, des tribus arabes sont venues dresser leurs tentes ou construire leurs huttes sous la protection de la place, ces tribus sont peu considérables, mais il est important de ne pas perdre ce commencement d'influence; c'est un exemple qui peut se propager; il est permis de soutenir que, dans les mœurs des Arabes, il était plus difficile de déterminer la première tribu à se ranger sous notre autorité, qu'il ne le sera d'en déterminer beaucoup d'autres à l'imiter.

La commission a pensé, d'après ces différentes considérations, qu'il était convenable de porter la ligne, derrière laquelle la culture et la population pourront se développer, de la tête du lac Felzara jusqu'à la mer, vers l'embouchure de la Mafrag, en passant par Sidi Damden; mais que d'abord il était nécessaire de s'établir solidement dans l'espace aujourd'hui occupé, en couvrant par des postes retranchés le défilé des Caressas et le pont de Constantine. Il s'entend, du reste, que la ligne plus avancée dont il vient d'être question ne sera que défensive, qu'on ne passera pas ses limites sans des ordres exprès et formels du Gouvernement, et qu'on évitera toutes les occasions de faire naître des hostilités avec les tribus voisines.

On évalue à 4,000 hommes les forces nécessaires pour défendre la ville et le territoire que nous couvririons. Les dépenses qu'exigerait cette occupation, indépendamment de la solde des troupes, ont été estimées ainsi qu'il suit :

Bâtimens militaires.

Casernes et hôpitaux.	600,000 fr.
Réparations des fortifications du côté de la mer.	100,000
Travaux pour mettre le port en état.	100,000
Desséchement et assainissement.	200,000
Postes retranchés pour couvrir la plaine.	400,000
Routes à travers la plaine.	400,000
Total.	1,800,000 fr.

qui seraient naturellement divisés entre plusieurs années. Il est à croire qu'il ne serait pas possible d'employer utilement aux travaux de toute nature à exécuter, dans la ville et dans le rayon occupé, plus de 500,000 francs par an.

La dépense annuelle exigée par la conservation de Bone et de son territoire s'élèverait ainsi à 4,500,000 fr.

BOUGIE.

La ville de Bougie n'a été occupée par les troupes françaises qu'à la fin de l'été de l'année dernière.

La commission n'a pas trouvé, dans les pièces qui ont été sous ses yeux, des motifs qui lui aient paru suffisans pour déterminer une occupation qui a nécessité l'augmentation du nombre des troupes employées en Afrique, et par conséquent de la dépense qui grève le budget de l'État. On a dû s'étonner que, lorsque le Gouvernement chargeait une commission d'aller examiner la situation de nos possessions sur l'autre rive de la Méditerranée, et qu'il attendait son rapport pour décider quels seraient les points qu'il conviendrait de garder, que la conservation de nos conquêtes était même tout entière mise en question, il n'ait pas cru pouvoir attendre de connaître l'opinion de cette commission, avant de décider une expédition qui sortait d'ailleurs des prévoyances du budget. Les circonstances n'ont pas semblé assez pressantes pour expliquer une pareille précipitation.

Les résultats de l'entreprise n'ont rien produit qui soit de nature à faire oublier son inopportunité.

L'irritation des Arabes a été réveillée par les malheurs inséparables d'un assaut. La population de la ville a disparu; les tribus environnantes sont sous les armes, et les relations commerciales sont totalement interrompues.

Mais on ne saurait revenir sur le passé; et la commission s'est occupée de rechercher le conseil que la prudence dicterait en ce moment.

On a fait observer que Bougie sera utile comme point de relâche intermédiaire entre Bone et Alger ; que si ce point n'était pas entre les mains de la France, en cas de guerre maritime, une station ennemie qui s'y établirait gênerait nos communications et intercepterait le cabotage utile pour l'approvisionnement d'Alger. On a ajouté que l'évacuation d'une ville dont la possession a été contestée avec acharnement serait imputée à notre faiblesse ; que les rapports pacifiques peuvent se rétablir avec la population des environs, et que le commerce, qui a fleuri autrefois à Bougie, pourrait reprendre son ancienne direction.

L'occupation de la ville ne saurait entraîner des dépenses considérables : une garnison de 2,000 hommes suffira pour la défendre. Il est vrai qu'on a évalué à 3,000,000 fr. les travaux que nécessiteront les fortifications et les établissemens militaires ; mais cette évaluation a été calculée dans la supposition de la construction d'ouvrages réguliers et de la présence d'une garnison plus nombreuse. Il est certain que la dépense peut être fort réduite. En réparant la vieille enceinte, en établissant des blokhaus sur les points avantageux, la place serait à l'abri des attaques de troupes irrégulières et sans artillerie. On pense qu'en tout cas les ressources locales ne permettraient pas d'employer plus de 300,000 fr., cette année et l'année prochaine, tant aux fortifications qu'au casernement et au service des hôpitaux.

La majorité de la commission a adopté l'avis que Bougie ne devait point être évacuée ; que toutefois il conviendrait de ne pas y entreprendre en ce moment le travaux de fortifications régulières.

Une autre considération appuie cet avis. Il peut se présenter des circonstances où l'on pourrait avec avantage disposer de Bougie, dans la négociation d'un arrangement avec une autorité indigène que la France établirait ou reconnaîtrait dans cette partie de l'ancienne Régence.

ORAN.

A l'autre extrémité de la côte de la Régence d'Alger se trouve la ville d'Oran : conquise par l'Espagne en 1509, elle n'a été abandonnée par cette puissance qu'en 1792.

Des fortifications considérables, des bâtimens appropriés aux différentes branches du service militaire avaient été construits par les Espagnols ; et malgré les effets d'un tremblement de terre et l'abandon dans lequel les Maures les ont laissés, ces fortifications et ces bâtimens offrent encore de précieuses ressources.

Nous avons fait connaître, en discutant la question générale de la conservation des conquêtes de la France sur la côte d'Afrique, les considérations militaires et commerciales qui attachent une valeur particulière à la possession d'Oran. Les vaisseaux de ligne trouvent un excellent mouillage dans la rade de Mers-el-Kébir ; c'est un point d'où nos forces navales surveilleraient toute cette partie de la Méditerranée, et qui pourrait servir de lieu de rendez-vous pour les vaisseaux sortant de Brest et de Toulon.

La ville d'Oran est située de manière à devenir un entrepôt où les populations de Mascara et de Trémecen, plus riches que celles du reste de la Régence, échangeraient les marchandises de l'Afrique contre les marchandises de l'Europe.

Lorsqu'Oran appartenait aux Espagnols, ses habitans montaient à 20,000, et malgré la haine des deux peuples, héritage de leur longue lutte et d'une guerre d'extermination, ses marchés étaient fréquentés par les Arabes. Un corps de soldats mures aidait même à la défense de la place.

La commission a pensé qu'il fallait conserver Oran ; mais elle a pensé aussi que la garnison devait se borner à occuper la ville, le fort de Mers-el-Kébir et les ouvrages qui seraient construits pour lier ce fort à la ville : 3,000 hommes rempliraient cet objet.

L'importance de l'occupation d'Oran, considérée sous les rapports maritimes et militaires, est assez grande pour qu'il paraisse utile d'en mettre les fortifications en état de résister à un siége régulier. Les devis, ou plutôt les aperçus donnés par les officiers du génie, présentent la totalité des dépenses qu'il y aurait à faire pour atteindre complètement ce résultat, en y comprenant Mers-el-Kébir et les ouvrages intermédiaires, à 3,400,000 fr.

Mais on commencerait par réparer les défenses du côté de la mer, et par rétablir les bâtimens nécessaires au casernement et aux différens besoins de la ville. Ces constructions sont évaluées, pour les bâtimens militaires, à 300,000 fr., pour les bâtimens civils, à 200,000 fr.

Dans l'état actuel des choses, les navires marchands qui mouillent dans la rade ont peine à opérer au quai d'Oran leur débarquement et leur chargement. On a proposé de couvrir leurs embarcations par un môle qui arrêterait les lames. Les Espagnols en avaient déjà jeté les premiers fondemens. Les officiers de la marine regardent la construction de ce môle, dont la dépense est évaluée approximativement à 1,300,000 francs, comme un objet de la plus haute utilité; et la commission, consultée à cet égard, n'a pu que partager leur opinion.

Toutefois la commission n'a point pensé qu'il y eût lieu de destiner, dès cette année, des fonds à cette entreprise.

Les travaux de ce genre, une fois qu'ils sont commencés, doivent être exécutés avec la plus grande rapidité et sans interruption. Il est nécessaire d'étudier d'avance les moyens d'exécution.

On s'occupera, dans le courant de l'année, des mesures préparatoires, et le Gouvernement jugera, l'année prochaîne, quelle est la quantité de fonds que les bras et les matériaux disponibles permettront d'y employer.

Les troupes de la garnison n'occupent en ce moment que quelques postes avancés pour éclairer les avenues de la ville.

Les environs sont une plaine inculte ; et les Européens, qui auraient été exposés aux incursions des Arabes, n'y ont fait aucun défrichement.

Il serait donc inutile de porter en avant une ligne de défense, ainsi que cela a lieu à Bone. Ce serait s'imposer des dépenses considérables, hasarder la vie de nos soldats sans aucune compensation, puisque derrière la ligne qu'ils défendraient il ne se trouverait qu'un sol inutile.

D'ailleurs, les tribus arabes, dont l'inimitié contre les chrétiens a été accrue par de récens griefs, sont en état d'hostilité contre nous, et réunies en ce moment par un commun sentiment ; elles font marcher un nombre assez considérable de cavaliers, pour qu'on ne puisse les combattre avantageusement qu'avec un déploiement de forces disproportionnées au but de l'occupation d'Oran.

La commission estime qu'il s'agit de mettre fin le plus tôt possible à cette lutte où nos succès sont sans résultats, où les moindres revers ont des suites graves. Pour cela, il convient de renfermer la garnison dans l'enceinte des fortifications que les Arabes n'auront point la tentation d'assaillir. La nécessité de pourvoir aux besoins de leurs approvisionnemens en différentes marchandises, l'intérêt de vendre leurs denrées, les porteront alors à sortir d'un état hostile qui n'aurait plus de but ; et on peut espérer qu'avant peu on les verrait fréquenter le marché d'Oran, comme ils le faisaient pendant que les Espagnols le possédaient.

Les instructions les plus formelles devront être données, afin que les troupes françaises s'abstiennent de tout acte d'hostilité qui ne serait pas commandé par la nécessité de la défense, ou par l'intérêt de la sûreté de la ville.

Elle sera ouverte à tous ceux qui voudront y chercher refuge, ou essayer les chances du commerce sous la libérale protection de la France. Il est à croire que la population, attirée par la sécurité et la liberté des transactions, ne tardera pas à se reformer.

Cependant, en adoptant ce système, qui a pour base la concentration des troupes françaises dans l'enceinte de la place, la commission n'a point entendu qu'il serait interdit d'user des moyens qui pourraient se présenter de prendre autorité sur les Arabes et d'exercer sur eux une influence avantageuse aux intérêts de la France.

Il importerait même de ne pas différer de leur faire connaître qu'elle n'abandonne point ses droits sur le beylick d'Oran.

MOSTAGANEM ET ARZEW.

Mostaganem, petite ville à l'est d'Oran, a été occupée en 1833.

La commission, en recherchant les avantages de cette occupation, a été étonnée d'apprendre qu'elle n'avait pas été ordonnée par le Gouvernement. La mesure doit paraître d'autant moins justifiable que la ville était gardée par une garnison turque de 200 hommes qui avait passé à la solde de la France, et qu'on a remplacée par un nombre huit fois plus considérable de soldats français.

Les environs de Mostaganem sont fertiles; mais c'est un point qui, considéré sous le rapport des relations de commerce ou des mouvemens militaires, ne saurait avoir d'importance. Les plus petits bâtimens n'y trouvent pas d'abri et ont peine à débarquer; la côte est difficile à un degré tel que souvent les bateaux à vapeur ne peuvent s'approcher de la terre. On ne voit donc pas quels seraient les avantages qui compenseraient les charges de l'occupation de Mostaganem, et la commission a été d'avis qu'il convenait d'évacuer cette ville, en la remettant, si l'on peut négocier à cet effet, sous l'autorité indigène qui offrirait les conditions les plus favorables.

Arzew offre un bon mouillage où il est utile de protéger les bâtimens français; il s'y fait quelque commerce. Autrefois des exportations de grains assez importantes avaient lieu par ce point de la côte, et un fort qui commande ce mouillage n'a besoin que d'une garnison de 200 hommes. L'économie que produirait son abandon ne saurait, par conséquent, entrer en ligne de compte; néanmoins la majorité de la commission, craignant que le petit corps français qui serait isolé au milieu des Arabes ne se trouvât compromis, a été d'avis qu'il était convenable d'évacuer également Arzew. Il suffirait d'ailleurs, pour protéger notre commerce, d'y placer en station un petit bâtiment de guerre.

ORGANISATION DU GOUVERNEMENT.

La commission, après avoir discuté les différentes opinions présentées sur l'occupation d'Alger et de son territoire, et après avoir déterminé dans quelles limites cette occupation devait s'établir et vers quel but devaient tendre les efforts de la France, a passé à l'examen de l'organisation qu'il conviendrait d'adopter pour le Gouvernement de ces possessions. Mais d'abord, une première question s'est élevée, une question générale qui domine toute la matière : on s'est demandé si ce n'était pas à la puissance législative à statuer sur cette organisation, à poser les règles du Gouvernement d'Alger; en un mot, si le concours des trois pouvoirs ne serait pas nécessaire pour donner des lois aux possessions de la France au nord de l'Afrique, comme à ses possessions des mers de l'Inde et de l'Amérique? Cette question a été mûrement discutée ; l'avis qui a réuni les membres de la commission a été que, dans l'état actuel de la Régence, l'intervention de la législature ne pouvait pas être utilement appelée, et que nos possessions dans cette partie du continent africain devaient être régies par les ordonnances du roi.

En effet, il est facile de comprendre que des débats de la tribune naîtraient, au sein de ces contrées, l'irrésolution pour l'autorité, l'incertitude pour les habitans. La sage lenteur qui préside au vote des lois serait un grave inconvénient, lorsqu'il faut que le Gouvernement puisse prononcer aussitôt que les circonstances l'exigent, à travers les incidens imprévus qui surgissent de l'établissement d'une nouvelle domination. L'action absolue et exclusive de l'autorité royale a été une suite légitime, indispensable de la guerre et de la conquête ; le temps n'est pas venu où elle pourrait être tempérée comme elle l'est chez un peuple homogène et civilisé ; mais suffit-il que le roi continue à l'exercer, par une déduction du droit de guerre que lui confère la Charte, ou convient-il que la puissance législative qui d'après cette même Charte, est appelée à régir les colonies par ses lois, délègue ses droits au monarque dont les ordonnances auraient alors toute la force des lois elles-mêmes?

Si cette question n'était pas clairement et formellement tranchée par les votes de la législature, l'autorité des ordonnances serait continuellement attaquée, au dedans et au dehors des Chambres, par ceux qui allégueraient que la Charte a soumis les colonies à des lois particulières, et non pas au régime des ordonnances ; de ces attaques, sans cesse répétées, une sorte de défaveur s'attacherait inévitablement aux ordonnances ; l'action du Gouvernement en serait entravée, tandis que l'autorité des dispositions de la métropole perdrait toute force morale. Il est bien préférable d'aborder franchement cette discussion et de se placer sur le terrain de la constitution, pour faire déclarer par la législature que les possessions françaises sur la côte septentrionale d'Afrique seront régies par ordonnances du roi.

Une loi rédigée dans ce sens offrirait d'ailleurs l'avantage que sa délibération et sa promulgation feraient cesser toutes les incertitudes, que les intentions de la France ne seraient plus douteuses, et que la culture comme le commerce y trouveraient cette garantie de l'avenir que réclament les colons et les négocians.

Mais parmi ceux qui ont pensé que la législature devait déléguer au roi le pouvoir de régir Alger par ses ordonnances, il en est qui ont avancé que cette délégation constituerait évidemment une exception à l'article 64 de la Charte, qui a fait naître la loi du 24 avril 1833, relative au régime des colonies; qu'il était de la nature de toutes les mesures d'exception d'être limitées au terme où l'on doit supposer que les circonstances qui les ont motivées auraient cessé d'exister; qu'ici il était permis d'espérer que dans trois ans les progrès de la colonie seraient de nature à la faire entrer sous l'empire des règles générales, et qu'en conséquence la délégation de la puissance législative faite au roi ne devait être votée que pour le laps de trois années.

Cette opinion n'a point été partagée par la majorité, elle a cru qu'il était impossible de prévoir à quelle époque l'état des choses autoriserait l'intervention directe de la législature dans le gouvernement d'Alger, et que ce serait frapper d'une sorte de discrédit les ordonnances royales que de déclarer à l'avance que, tel jour, elles cesseraient d'être en vigueur.

Du reste, on a fait observer que, dans l'exposé des motifs du projet de loi, le Gouvernement irait au-devant de l'objection, puisqu'il ferait connaître que son intention est de faire cesser le plus promptement possible un état exceptionnel, en plaçant Alger sous le régime législatif, de même que les autres colonies.

L'expérience des besoins de ces possessions lointaines a produit un ensemble de dispositions réunies dans les ordonnances de 1825 et 1827 et dans la loi de 1833, qui paraissent devoir servir de bases à l'institution du gouvernement d'Alger.

Une société bien réglée doit posséder un pouvoir législatif qui statue d'une manière générale, et à l'avance, sur tous les réglemens qui concernent la sûreté des personnes et des propriétés. Elle doit posséder aussi un pouvoir exécutif armé de la force nécessaire pour faire exécuter les dispositions de ce pouvoir législatif, et pour la défendre contre toutes les attaques des ennemis extérieurs et contre toutes les tentatives de troubles intérieurs.

La commission est d'avis que, pour la régence d'Alger, le pouvoir législatif doit être exercé par le roi. Ses ordonnances, délibérées en conseil des ministres, régleront tous les objets qui en France sont du domaine de la loi. Le pouvoir exécutif appartiendra à un gouverneur, qui sera dépositaire de l'autorité royale. Il réunira dans ses attributions et la haute administration et la direction supérieure des affaires militaires ; ces fonctions ne seront donc point militaires. Il peut être choisi dans l'ordre civil aussi bien que dans les rangs de l'armée. S'il l'était parmi les administrateurs, le commandement général ne lui serait pas moins dévolu dans sa plénitude ; s'il l'était parmi les généraux, la direction de l'administration ne lui appartiendrait pas moins sans réserve ; mais il aurait à se rappeler qu'il n'exerce pas un commandement militaire ; que le but de sa mission est la consolidation de notre établissement en Afrique, l'extension de l'autorité de la France et de son influence sur les indigènes, le développement des relations commerciales, les progrès de l'agriculture et de l'industrie ; que ce but est placé au milieu de la paix; que la guerre ne peut, par conséquent, être considérée que comme un moyen, et non comme le but de ses efforts.

Le gouverneur sera éclairé des avis d'un conseil privé formé des principaux fonctionnaires.

Dans certains cas, l'avis du conseil sera obligatoire.

Il en sera ainsi toutes les fois que, par suite de l'exercice de la haute police et de l'administration supérieure qui lui sont confiées, le gouverneur aura à prononcer sur des questions touchant à la liberté ou à la propriété tant des Européens que des indigènes.

Sous les ordres du gouverneur se trouverait un officier général chargé du commandement des troupes qui seraient réunies dans le territoire d'Alger.

Un administrateur, sous le titre de préfet ou de directeur de l'administration, dirigerait l'administration civile de la province d'Alger.

Les attributions de l'autorité civile et de l'autorité militaire seraient divisées et délimitées comme elles le sont en France.

Toutefois, afin de centraliser l'autorité, lorsque les circonstances le demanderaient, sur les points éloignés de sa résidence, le gouverneur serait maître de déléguer une portion de ses pouvoirs aux commandans militaires.

Enfin, lorsque des forces ennemies menaceraient nos possessions d'une attaque sérieuse, et que l'état de siége serait déclaré, le gouverneur exercerait l'autorité tout entière, sans la participation obligée du conseil, ainsi que cela est fixé par les ordonnances relatives au gouvernement de nos colonies des Antilles.

L'état de siége s'appliquerait aussi en particulier, comme de raison, aux différentes places qui seraient en butte aux attaques de l'ennemi.

L'autorité du gouverneur devant s'étendre sur toutes les

parties du territoire occupées par les troupes françaises, c'est avec lui seul qu'auraient à correspondre les commandans de Bone, d'Oran, de Bougie, etc.; c'est de lui seul qu'ils recevraient des ordres. On comprend que, s'il en était autrement, il n'y aurait ni unité, ni rapidité dans l'action du Gouvernement, et que des dispositions prises par un des commandans particuliers viendraient à l'improviste troubler les résultats que le gouverneur général serait au moment d'atteindre ; mais, tout en reconnaissant que les commandans particuliers ne sauraient être autorisés à correspondre avec la métropole, on a demandé s'il ne conviendrait pas de les placer sous le commandement du général commandant les troupes à Alger, qui leur transmettrait les ordres du gouverneur?

La commission n'a pas adopté cette proposition ; elle a considéré que ce serait introduire une marche plus lente, plus compliquée, et sans aucun avantage balançant cet inconvénient ; au contraire, il pourrait en résulter que le général commandant en tirât une importance qui serait une entrave pour l'unité de vues et d'action, qu'il est nécessaire de protéger contre toute atteinte.

Les mêmes raisons n'ont pas paru à tous les membres de la commission s'appliquer aux administrateurs secondaires qui seront envoyés à Bone, à Oran, etc. On pensait qu'il serait utile de les placer sous l'autorité immédiate de l'administrateur supérieur résidant à Alger. A l'appui de cette opinion, on alléguait qu'il devait exister, jusque dans les détails de l'administration, une uniformité qui serait garantie par la surveillance de l'administrateur central ; que le gouverneur pourrait ne pas avoir la connaissance pratique de l'administration civile ; que sa direction tomberait alors dans les mains des bureaux ; qu'il était donc préférable de laisser cette direction à un administrateur éprouvé, responsable, qui n'agirait que sous les ordres du gouverneur.

La majorité de la commission a néanmoins été d'avis que l'autorité du gouverneur serait plus efficace s'il correspondait sans intermédiaire avec les administrateurs particuliers ; que ce serait le moyen de prévenir des conflits toujours fâcheux entre l'administration civile et l'administration militaire, et qu'en conséquence l'administrateur placé à Alger devait bien avoir un rang supérieur à raison de l'importance de ses fonctions, mais ne devait exercer ni autorité ni contrôle sur les administrateurs des autres points de la Régence.

Un directeur des finances serait au contraire chargé de centraliser, pour toutes nos possessions, l'administration des finances et du trésor. Il surveillerait les recettes et les dépenses et préparerait le budget, qui serait discuté en conseil.

Le conseil du Gouvernement se composerait de l'officier général commandant les troupes à Alger, de l'administrateur civil de la province d'Alger ; d'un des magistrats supérieurs désignés par le roi, de l'intendant militaire et du directeur des finances.

Les officiers chargés de la direction de l'artillerie et du génie, l'ingénieur en chef des ponts et chaussées, l'officier commandant le port d'Alger, seraient appelés de droit au conseil avec voix consultative, lorsqu'il y serait traité de matières de leurs attributions.

Le gouverneur préparerait, en conseil, les projets d'ordonnances qu'il lui paraîtrait nécessaire de promulguer pour régler les différentes parties du domaine législatif. Il les adresserait au ministre dans le département duquel le gouvernement d'Alger sera placé, pour le soumettre au roi. Dans les cas graves et urgens, le gouverneur serait même autorisé à mettre provisoirement en exécution, d'après l'avis de son conseil, une ordonnance proposée.

D'après ce mode d'organisation, le gouverneur pourrait

prendre toutes les mesures utiles et parer à tous les dangers qui menaceraient la colonie, tandis que les réglemens relatifs à la situation des personnes et à la condition des propriétés, à l'organisation de la justice, au système des impôts et des douanes, émanant de l'autorité royale, prendraient le caractère de maturité et de fixité que n'ont pu avoir jusqu'à présent les actes précipités, incohérens et variables des généraux et des administrateurs qui se sont rapidement succédé.

Il serait cependant à propos, afin d'écarter l'inconvénient de voir tout à coup les différentes parties de l'administration publique privées de lois et de règles, de déclarer que ces actes sont maintenus tant qu'ils n'auront pas été expressément révoqués, ou que leurs dispositions n'auront pas été remplacées. Le gouverneur serait autorisé à le faire pour tous ceux qui ne rentrent point dans les matières législatives, en réservant toutefois, comme de raison, les droits conférés ou acquis à des tiers. Quant aux actes statuant en matière législative, il s'entend que les ordonnances du roi pourraient seules les révoquer; autrement le Gouvernement agirait par voie de révocation dans la sphère où son autorité s'arrêterait, s'il avait dû agir directement.

Il est presque superflu de faire remarquer que les pouvoirs du gouverneur seraient réglés et modifiés au besoin, comme ceux des gouverneurs des colonies, par les ordonnances du roi. Ces ordonnances seraient aussi délibérées en conseil des ministres; il en serait de même des instructions qui, avec plus de détails, traceraient au gouverneur la marche que le roi lui prescrit. Il est, en effet, de la plus haute importance de s'entourer de toutes les précautions qui peuvent garantir que le système adopté ne sera point légèrement abandonné, et que le gouverneur chargé de l'exécuter ne sera point arrêté au moment où ses efforts commenceraient à promettre le succès.

La commission pense que ce serait créer des difficultés, dans des circonstances qui offrent déjà tant d'obstacles, que d'imposer au gouverneur de correspondre avec les différens départemens ministériels. Il lui semble préférable qu'à Paris la direction supérieure du gouvernement d'Alger soit concentrée, de même qu'en Afrique la représentation de l'autorité royale ne sera point divisée.

La commission s'est trouvée alors naturellement amenée à demander dans quel département ministériel il conviendrait de placer ce gouvernement? Les colonies sont dans les attributions du ministère de la marine ; on a proposé de ne pas en séparer cette partie de nos possessions ; mais on a fait observer que si les colonies ont été confiées au ministre chargé de la direction des forces navales, c'est qu'elles sont comme subordonnées à l'intérêt maritime; la navigation est la condition première de leur existence ; la protection de la marine leur est indispensable dans tous les instans. Pour nos possessions d'Afrique, il en est autrement. Si la navigation est nécessaire pour entretenir leurs relations avec la métropole, l'administration intérieure, qui doit favoriser notre commerce dans de vastes contrées, n'est pas un objet moins important, et, pendant un certain temps au moins, l'armée appelée à défendre le territoire occupé, à fortifier les villes et les positions qui doivent le mettre à l'abri des attaques, y jouera un rôle principal.

Cette dernière considération avait conduit plusieurs personnes à penser qu'Alger devait continuer à être placé dans les attributions du ministère de la guerre ; mais on a objecté que le déclarer en principe, ce serait, en quelque sorte, donner à son occupation le caractère d'une occupation militaire; que, s'il était naturel qu'il en fût ainsi tant qu'il ne s'agissait, en effet, que d'une occupation militaire, il n'en saurait plus être de même dès que ce pays est reconnu une possession de la France. Le moment, toutefois, n'est point arrivé où il serait à propos de le réunir avec les autres colonies. Dans cet état de choses, la commission a pensé qu'il était convenable de le placer dans les attributions du ministre secrétaire d'état président du conseil des ministres. Sa position le désigne pour diriger des affaires qui exigent le concours de tous les ministères, et qui doivent cependant finir par se concentrer sous une seule responsabilité.

Cependant, il a paru à la commission qu'il était indispensable que les fonctions de l'ordre judiciaire et les emplois de l'administration des finances fussent confiés à des hommes ayant acquis, en exerçant ces fonctions et ces emplois dans l'intérieur du royaume, les connaissances et l'expérience désirables ; on ne peut espérer envoyer en Afrique des hommes utiles qu'en leur conservant leurs droits dans leurs carrières en France. Leur désignation et leur avancement ne sauraient donc être faits convenablement que par les ministres de ces départemens, avec lesquels le gouverneur général devrait, à cet effet, correspondre directement.

La commission a pensé, en outre, qu'il serait nécessaire, pour prévenir les lenteurs et le manque d'unité de vues qui résulteraient de la division de la correspondance entre les différens bureaux, d'instituer un directeur des affaires d'Afrique, qui remplirait auprès du président du conseil les mêmes fonctions que le directeur des colonies auprès du ministre de la marine.

Cette direction spéciale devrait être confiée à un homme choisi dans une situation assez considérable, pour qu'il présentât une responsabilité morale qui permît au ministre de le charger de l'instruction de toutes les affaires.

Le gouverneur doit être doué d'un caractère ferme et élevé, d'un esprit éclairé ; il doit être animé d'un véritable patriotisme, en même temps que d'une humanité généreuse ; son désintéressement doit être au-dessus de toute atteinte. L'expérience de la vie, l'habitude des affaires doivent le prémunir contre l'entraînement des passions, contre les suggestions de l'intérêt privé, si habile à se cacher sous le masque de l'intérêt public.

Il faut qu'il se dévoue à la noble mission de porter une civilisation réparatrice au milieu des ruines entassées par la barbarie et la guerre. C'est sur le sol africain que ses yeux doivent se fixer, et non sur le retour vers la France. La persévérance, une imperturbable modération peuvent seules garantir les succès que la nation attend des sacrifices qu'elle s'impose.

Indiquer les qualités qu'un gouverneur digne de ces fonctions devrait réunir, c'est montrer qu'il n'est point d'homme placé trop haut pour être en dehors du cercle où les regards du roi auront à choisir. De là résulte la nécessité que la position du gouverneur soit faite de telle sorte qu'elle puisse satisfaire une légitime ambition et qu'elle offre un dédommagement à celui qui, pour obéir au choix de Sa Majesté, quitterait une autre position d'un ordre élevé.

Les instructions données au gouverneur devront particulièrement fixer son attention sur ses rapports avec la population indigène.

Dans les villes, les Maures, les Juifs, habitans soumis et paisibles, ne font naître aucune difficulté. Les règles générales de tout bon gouvernement, les principes professés par tous les peuples civilisés suffisent pour tracer la conduite à tenir à leur égard. La protection des personnes, la liberté religieuse, le respect des cultes, la garantie des propriétés, garantie qui doit les défendre contre les manœuvres des Européens aussi bien que contre les déprédations, la liberté des transactions commerciales, telles seront les bases de ces instructions.

Il est à regretter que ces principes n'aient pas été plus exactement suivis dans les années qui se sont écoulées depuis la reddition d'Alger. Les propriétés appartenant aux Turcs ont été mises sous le séquestre, quoiqu'elles fussent couvertes par la capitulation. Les maisons de beaucoup de Maures sont occupées en entier pour les logemens militaires, et, depuis plusieurs années, ils ne touchent aucune indemnité quelconque. Un grand nombre de propriétaires ont eu à souffrir de démolitions également exécutées sans indemnité ; d'autres encore ont été privés de leurs propriétés demandées pour des travaux d'utilité publique, souvent légèrement ordonnés, sans qu'ils aient reçu aucun dédommagement. Des impôts irréguliers ont été établis, et on a eu recours sans nécessité à des emprunts forcés.

On a disposé, pour les besoins de l'armée, d'un grand nombre de mosquées, et l'on n'a rien fait pour restreindre une mesure qui ne pouvait manquer de blesser les sentimens et les croyances des habitans. Une autre mosquée a été convertie en église ; quelque pressant qu'il pût être d'assurer le service du culte catholique, il est fâcheux qu'on ait cru devoir recourir à un moyen si propre à exciter les susceptibilités religieuses.

On connaît le respect que les Musulmans professent pour les tombeaux ; beaucoup ont été détruits à l'occasion de l'exécution de divers travaux, et l'ont été sans aucun des égards et des précautions que prescrivait la décence publique.

Les suites de ces fausses mesures ont produit, dans l'esprit des habitans du pays, une défiance, un éloignement des Français qu'on doit s'attacher à surmonter en réparant tout ce qui est réparable, et en annonçant la résolution de suivre une marche qui préviendra le retour d'abus dont les Européens et les indigènes ont eu également à souffrir.

Quoique les Arabes et les Kabaïles professent peu d'estime pour les Maures, amollis à leurs yeux par le séjour des villes, cependant la communauté de langage, de religion, l'habitude de voir l'autorité exercée par des hommes sortis des murs d'Alger peuvent faire des Maures d'utiles intermédiaires pour agir sur les tribus de l'intérieur.

C'est vers le but de l'accroissement de l'influence de la France que doit se diriger incessamment l'action du gouverneur général. En s'étendant progressivement, elle facilitera les relations commerciales et augmentera ainsi les avantages qu'on peut espérer de l'occupation de ces contrées, en même temps qu'en écartant les chances des agressions et des combats, elle diminuera les dépenses de notre établissement militaire.

Là où des tribus se trouveront dans l'intérieur de nos lignes, ou reconnaîtront l'autorité directe du Gouvernement français, comme aux environs d'Alger et de Bone, il conviendra de rétablir les fonctions de l'officier qui, sous le titre d'Aga, servait d'intermédiaire entre le dey et les Arabes, et qui, escorté par des cavaliers fournis par les tribus elles-mêmes, faisait rentrer les redevances à payer à la Régence.

Cet officier, en rendant au gouverneur les mêmes services, transmettrait ses ordres, recevrait les réclamations, en un mot serait le moyen de communication entre les tribus et l'autorité française.

L'Aga pourrait être choisi parmi les Arabes ou parmi les Maures; il pourrait même être Français; dans ce dernier cas, il faudrait qu'il fût assisté d'un ou deux lieutenans pris dans le pays. Cette combinaison aurait l'avantage que la conduite des indigènes, qui se sont souvent montrés enclins à abuser du pouvoir qui leur était confié, serait constamment surveillée par l'officier français sous les yeux duquel ils agiraient.

En dehors de nos lignes il se trouvera des peuplades qui ne reconnaîtront pas notre autorité directe, mais que nous pourrions cependant gouverner, en donnant appui à des chefs indigènes qui, en retour, seraient sous une sorte de souveraineté de la France, protégeraient nos relations commerciales, et nous fourniraient, en cas d'hostilité, quelques auxiliaires, gage de leur fidélité à ne point secourir nos ennemis.

La réorganisation des Beyliks, ou de commandemens qui s'institueraient sous ces conditions, serait un des points vers lesquels se dirigeraient les soins du gouverneur général.

L'action de la France peut s'étendre encore plus loin par des voies de négociations. En fait, une autorité centrale n'existe plus depuis le renversement de la Régence ; l'investiture des cadis ou chefs locaux n'a plus lieu régulièrement, pas plus que celle des beys ou commandans.

Dans certaines tribus, des scheicks ont pris la plénitude du pouvoir; dans d'autres, elle a passé aux marabouts qui, dans toutes, exercent une puissante influence.

Quelques subsides distribués avec prudence et discernement nous attacheraient une partie d'entre eux, rompraient ainsi la ligue hostile des peuplades de l'intérieur et nous assureraient, sinon des alliances, au moins des neutralités précieuses. On peut dire que l'argent employé dans ce dessein serait bien placé, puisqu'il épargnerait le sang et les trésors que coûtent les expéditions militaires même les plus heureuses.

Il est un autre moyen d'action qui doit particulièrement être recommandé au gouverneur ; c'est l'organisation de troupes auxiliaires composées de naturels du pays. Déjà on a formé des corps de *Zoaves ;* on a soldé des Turcs et des cavaliers arabes. Ces essais n'ont pas été infructueux. Une gendarmerie maure existe à Alger ; elle est peu nombreuse, il paraît néanmoins qu'elle rend d'utiles services ; mais l'expérience semble prouver que le mode le plus avantageux de mettre à profit les ressources militaires qu'on peut tirer du pays, ce n'est pas d'enrégimenter des hommes qui coûtent beaucoup et servent mal sous la discipline européenne. Il est plus sage de demander aux tribus sous notre domination un certain nombre de leurs cavaliers, qui seront payés toutes les fois qu'ils seront requis pour une expédition ou pour un autre service. Ces cavaliers se montent, s'arment, s'équipent à leurs frais ; l'économie est considérable, d'autant qu'on n'est pas exposé aux pertes qu'entraîne la désertion à laquelle sont enclins les Arabes lorsqu'ils ont reçu des armes et des effets des magasins militaires.

En développant ce système, en lui donnant de la consistance et de la régularité, on peut parvenir un jour à dominer une grande étendue de pays, sans qu'il y ait besoin d'augmenter le nombre des troupes françaises.

Le gouverneur général étudiera les dispositions, les intérêts des tribus et des autorités qui tendent à s'y créer, et combinera les différens moyens d'action et d'influence que les bornes de ce rapport ne permettaient que d'indiquer. Il aura devant les yeux les immenses succès qu'une politique habile et persévérante a obtenus dans les vastes régions de l'Inde, et il appréciera les résultats de l'emploi des moyens qui peuvent se ranger sous trois catégories : 1° l'appui donné aux princes du pays à raison des avantages qu'ils assuraient aux Anglais ; 2° sacrifices faits pour s'assurer des dispositions favorables des chefs et des personnages influens ; 3° organisation de corps de troupes natives qui secondent les forces anglaises et donnent une direction utile à l'esprit guerrier d'une partie de la population. Mais aussi il se rappellera constamment que si 130 millions d'Indiens, indous et musulmans, obéissent au sceptre de la Grande-Bretagne, c'est que partout la domination anglaise est plus juste et plus humaine que celle des rajahs et des nababs ; que les peuples trouvent avantage à vivre sous sa protection et que l'Indien n'est jamais blessé ni dans ses mœurs ni dans ses croyances.

La commission, à l'unanimité, n'a pas hésité à penser que le gouverneur général devait être mis en état d'employer efficacement les moyens qui viennent d'être conseillés ; que la parcimonie s'opposerait, dans ce cas, à la véritable économie, et qu'en conséquence un crédit largement calculé devait être ouvert au gouverneur général, pour servir à toutes les dépenses relatives à l'action de la France sur la population arabe.

La commission a été d'avis que ce crédit serait convenablement fixé à un million par an. Elle suppose qu'il suffira, en outre, pour subvenir à la dépense des cavaliers auxiliaires que fourniront les tribus, au moins jusqu'à ce que le nombre en ait été augmenté dans une proportion qui serait la preuve et le gage du succès du système qu'on aurait suivi.

RÉCAPITULATION DES DÉPENSES.

Arrivée à ce point de son travail, la commission a cru qu'elle devait récapituler les dépenses que nécessiterait l'occupation de la Régence d'Alger selon le système adopté par sa majorité.

Les changemens qu'amèneraient, relativement à certains objets, les résultats de l'examen des détails de l'organisation intérieure du gouvernement général, ou de celui de quelques-unes des questions particulières contenues dans les instructions données à la commission d'Afrique, ne sont pas de nature à produire une modification sensible sur un budget dont il s'agit de fixer la masse plutôt que d'arrêter les articles.

Les dépenses dont la commission s'est occupée, comme on l'a vu dans le cours de ce rapport, se divisent en deux catégories distinctes :

1° Dépenses annuelles se renouvelant, mais pouvant varier d'après les circonstances, les besoins et les résultats de la gestion du gouverneur général, qui mettra une sage économie, un emploi judicieux des fonds au nombre de ses premiers devoirs ;

2° Dépenses des travaux de défense, de casernement, de

routes, etc.; qui doivent être considérées comme formant une masse qui décroîtra successivement par l'imputation des fonds qui seraient affectés chaque année à leur exécution.

On n'oubliera pas qu'à l'égard de ces travaux il n'a pu être question que de résultats fort approximatifs, et qu'avant d'entreprendre l'exécution il est nécessaire que des plans définitifs et les devis qui s'y rattachent aient été dressés par les soins du gouverneur, et transmis avec son avis au président du conseil, afin de soumettre à l'approbation du roi tous ceux dont l'exécution devrait être répartie sur plusieurs exercices.

1° Dépenses annuelles :

1° Entretien de 21,000 hommes.	21,000,000 fr.
2° Traitement du gouverneur général.	100,000
3° Dépenses de l'administration de la justice et des finances.	1,500,000
4° Crédit ouvert au gouvernement pour les dépenses politiques.	1,000,000
Total.	23,600,000

2° Dépenses des travaux à exécuter :

A Alger, et dans son territoire.	9,000,000 fr.
A Oran, travaux de fortifications, etc.	3,900,000
Constructions du môle.	1,300,000
A Bone.	1,800,000
A Bougie.	3,000,000
Total.	19,000,000

La commission ayant jugé que sa mission comprenait de présenter les bases du budget des dépenses de l'occupation d'Alger pour l'année 1835, ainsi que d'indiquer les modifications que devrait subir le budget de 1834, déjà voté par la législature, elle a discuté la répartition sur ces exercices des fonds nécessaires aux travaux dont elle conseille l'exécution.

Il est résulté de cette discussion, qu'en balançant l'urgence des besoins et les moyens en main-d'œuvre et en matériaux, ces fonds pourraient être réglés ainsi qu'il suit :

EXERCICE 1834.

Pour Alger et son territoire...	1,700,000 fr.
Bone et son territoire.....	500,000
Oran............	500,000
Bougie............	300,000
Total...	3,000,000 fr.

EXERCICE 1835.

Pour Alger et son territoire..	2,100,000 fr.
Bone et son territoire.....	500,000
Oran............	500,000
Bougie............	300,000
Total...	3,400,000 fr.

Indépendamment de la somme qui pourrait être affectée à la construction du môle d'Oran.

Quant au budget des dépenses annuelles, il doit subir pour l'exercice de 1834 certaines modifications. Les dépenses administratives ont été fixées dans le budget de l'État, pour cette année 1834, à 1,774,000 fr.

Il ne sera vraisemblablement pas possible d'introduire dans les différentes branches du service, avant la fin de l'année, les améliorations et les économies qui pourront résulter des décisions royales qui interviendraient.

Il convient donc de maintenir encore la somme accordée ; toutefois il faut remarquer que ce total de 1,774,000 fr. contient une somme de 200,000 fr. pour des travaux à exécuter à Bone, à Alger et à Oran ; ces travaux se trouvant compris dans l'évaluation de ceux pour lesquels on demande, pour 1834, 3,000,000 de fr., il y aurait double emploi si ce chapitre des dépenses de l'administration civile n'était pas réduit en proportion, de sorte qu'il restera réglé à 1,574,000 fr.

Le gouverneur général ne sera sans doute pas installé avant la moitié de l'année ; toutefois il convient de porter la somme entière de son traitement de 100,000 fr. pour faire face aux frais de route, d'établissement, etc. ; mais, quant aux dépenses politiques, il est évident qu'elles ne pourront s'appliquer qu'à six mois de l'année, de sorte qu'il suffirait de les porter pour 500,000 fr.

En conséquence, les budgets de ces deux exercices seraient réglés ainsi qu'il suit :

BUDGET DE 1834.

1° Dépenses de l'entretien des troupes . .	21,000,000 f.
2° Traitement du gouverneur	100,000
3° Dépenses des services administratifs .	1,574,000
4° Travaux publics	3,000,000
5° Dépenses politiques	500,000
Total.	26,174,000 f.

Sauf l'augmentation qui pourrait résulter de l'excédant de l'effectif des troupes existant actuellement à Alger, sur celui que la commission propose d'y entretenir.

BUDGET DE 1835

1° Dépenses de l'entretien des troupes .	21,000,000 f.
2° Traitement du gouverneur.	100,000
3° Dépenses des services administratifs .	1,500,000
A reporter . . .	22,600,000

	Report...	22,600,000
4° Dépenses politiques..........		1,000,000
5° Travaux publics (sans compter la somme qui serait affectée au môle d'Oran).		3,400,000
	Total.	27,000,000

On remarquera que la commission n'a point tenu compte de la dépense des ateliers de condamnés et des compagnies de discipline. La raison en est simple. Appelée à faire connaître les charges qui sont une conséquence immédiate de l'occupation d'Alger, elle ne pouvait y faire entrer des dépenses qui ne subsisteraient pas moins au budget de l'État, quand même nos drapeaux ne flotteraient pas sur les rives de l'Afrique.

Une raison semblable, ou du moins d'un ordre analogue, a fait exclure de cette récapitulation les dépenses dont la présence des forces françaises de l'autre côté de la Méditerranée accroît le budget du ministère de la marine.

Nous disons *accroît* : il est incontestable que la nécessité de transporter les renforts et les approvisionnemens que demande l'armée d'Afrique, en tenant plus de bâtimens sous voiles, est déjà seule une cause de cet accroissement de dépense. Il s'y joint l'obligation d'entretenir en station quelques bâtimens de guerre dans les rades d'Alger, de Bone, d'Oran et de Bougie ; puis un service de bateaux à vapeur entre Alger et Toulon pour la correspondance de l'armée, de même qu'il convient d'assurer la correspondance d'Alger avec Bone et Oran.

Ce double service exige huit bateaux à vapeur dont la dépense est évaluée à 800,000 fr. par an.

Mais comment distinguer dans ces dépenses celles qui cesseraient absolument, qui tourneraient complètement en économie si Alger était abandonné ?

La commission n'a pas jugé qu'il fût possible de faire

exactement ce départ; elle a considéré que si les bateaux à vapeur n'étaient pas employés au transport des dépêches et des passagers, il n'en serait pas moins nécessaire de les conserver dans nos arsenaux, afin de pouvoir en disposer en cas de guerre maritime.

Elle a encore considéré que, pendant la paix, des bâtimens sont mis en mer dans l'unique objet d'exercer les équipages, et que l'Etat s'est imposé une dépense considérable en primes de pêche, dans le seul but de former des marins.

La navigation qui réunit la métropole et les possessions d'Afrique doit être envisagée sous ce rapport. Elle exerce nos marins, elle en est une pépinière et une école; et de plus, n'est-il pas certain que si Alger retombait sous la puissance d'un gouvernement musulman, la sûreté de la navigation, la protection du commerce obligeraient toujours à entretenir un certain nombre de bâtimens de guerre dans cette partie de la Méditerranée?

Enfin, la commission fera observer que si elle n'a point tiré, pour ainsi dire hors ligne, un article de dépense qu'elle n'a point dissimulé, elle n'a pas non plus fait entrer en déduction le montant des revenus que le Gouvernement retire déjà des possessions françaises dans la Régence d'Alger. Les recettes de diverses natures sont évaluées, dans le budget de 1834, à 1,500,000 fr.; mais, parmi ces recettes, il en est qui proviennent de sources qui leur attribuent évidemment un caractère municipal.

La commission proposera de leur donner une destination conforme à leur origine, et de les remettre, en conséquence, aux municipalités qui, en compensation, seraient chargées de subvenir à différentes dépenses qui en ce moment se trouvent à tort confondues avec les dépenses du Gouvernement.

Quant au mode de la rédaction du budget du gouvernement d'Alger, la commission estime qu'il serait utile, pour que l'appréciation des charges fût aussi exacte que possible, qu'il formât un budget distinct et séparé. Toutes les dépenses résultant de l'occupation y seraient portées intégralement et classées par chapitres, de manière à ce que la délibération sur les dépenses de chaque nature fût claire et facile.

Les recettes provenant des revenus du pays seraient inscrites ensuite, et la différence entre la totalité de ces recettes et celle des dépenses serait couverte au moyen de la subvention accordée sur les fonds généraux de l'État.

Il est à désirer que ce mode soit appliqué au budget de 1835, qui est déjà présenté, mais qui n'a pas encore été voté par la Chambre des députés.

RÉSUMÉ.

En terminant un rapport, qui aurait été plus long encore si la commission ne s'en était pas référée, pour tous les renseignemens statistiques et pour tous les faits, soit aux procès-verbaux et rapports de la partie de la commission envoyée en Afrique, soit à ses propres procès-verbaux, elle croit devoir résumer les principaux résultats de ses délibérations ainsi qu'il suit :

La commission est d'avis :

1° Que l'honneur et l'intérêt de la France lui commandent de conserver ses possessions sur la côte septentrionale de l'Afrique ;

2° Qu'en conservant les droits de la France à la souveraineté de toute la Régence d'Alger, il convient de borner en ce moment l'occupation militaire aux villes d'Alger, Bone, Oran et Bougie, et au territoire déterminé en avant des deux premières de ces villes ;

3° Que le territoire occupé en avant d'Alger doit être protégé par une ligne de postes dont la tête sera placée au pied de la chaîne de l'Atlas, à Belida ou dans le voisina de cette ville, et qui s'étendra jusqu'à la mer, d'un côté vers le cap Matifou, et de l'autre vers Coléah;

4° Que le territoire occupé en avant de Bone doit être protégé par une ligne de postes qui, en partant de l'extrémité du lac Felzara, et en passant par Sidi-Damden, viendra s'appuyer à la mer vers l'embouchure de la Mafrag;

5° Qu'en principe général, l'objet des travaux de fortification qui seront exécutés doit être de mettre les villes et postes en état de défense contre les attaques des indigènes, et que les ouvrages de fortification régulière peuvent être ajournés;

6° Que les forces effectives entretenues dans la Régence doivent être réduites, dès que les circonstances le permettront, et fixées à 21,000 hommes, qui seront ainsi répartis :

Pour la défense d'Alger et de son territoire. 12,000 hom.
Pour celle de Bone et de son territoire..... 4,000
Pour celle d'Oran............. 3,000
Pour celle de Bougie........... 2,000

7° Qu'il convient d'employer des forces indigènes comme auxiliaires des troupes françaises, et notamment d'exiger des tribus qu'elles fournissent des contingens qui ne seraient soldés que lorsqu'ils seraient appelés à agir pour son service;

8° Que toutes les matières qui, en France, sont réglées par la puissance législative devront l'être, dans les possessions françaises sur la côte septentrionale de l'Afrique, par ordonnances du roi, délibérées en conseil des ministres; qu'en conséquence, il y a lieu de proposer une loi qui délègue au roi la puissance législative dans ces possessions;

9° Qu'un gouverneur général, dépositaire de l'autorité royale, doit réunir tous les pouvoirs civils et militaires; que ses pouvoirs doivent être réglés par ordonnances du roi, délibérées en conseil des ministres, ainsi que les instructions qui lui seront données relativement à la direction générale du Gouvernement;

10° Que les ordres du roi sur toutes les parties du service ne doivent être transmis au gouverneur général que par le secrétaire d'État président du conseil des ministres; que cependant, pour tout ce qui concerne le personnel de la justice et des finances, le gouverneur général correspondra directement avec les ministres de ces deux départemens;

11° Que l'autorité du gouverneur général qui résidera à Alger, s'étendant sur toutes les parties des possessions françaises, les commandans de Bone, Oran et autres places doivent être sous ses ordres immédiats, et ne correspondre qu'avec lui;

12° Que l'administration civile soit exercée, sous les ordres du gouverneur général, par les administrateurs placés à Alger, à Bone, à Oran et à Bougie, qui correspondront directement avec lui;

13° Que les règles établies en France, relativement à la division de l'autorité civile et de l'autorité militaire, doivent être observées pour déterminer les attributions des commandans et des administrateurs; que cependant le gouverneur général doit avoir le droit de déléguer, aux commandans militaires des différentes parties du territoire occupé, la portion de ses pouvoirs qu'il jugera convenable;

14° Que le premier devoir du gouverneur général doit être de garantir la sûreté des personnes, le respect des propriétés et la liberté des cultes, de protéger l'agriculture et le commerce; qu'il ne doit avoir recours à l'emploi de la force militaire que pour réprimer les agressions, et que toute expédition qui aurait pour objet de porter l'occupation au-delà des lignes tracées ne doit être entreprise que de l'ordre du roi;

15° Que cependant le gouverneur général doit s'appliquer à étendre, par toutes les autres voies, l'action de la souveraineté de la France sur les portions de pays non encore soumises;

16° Qu'il convient que le gouverneur géneral soit assisté d'un conseil composé du général commandant les troupes à Alger, de l'administrateur de la province d'Alger, d'un fonctionnaire de l'ordre judiciaire, désigné par le roi; de l'intendant militaire, du directeur des finances;

17° Qu'il y a lieu d'établir un budget spécial du gouvernement d'Alger. Ce budget présentera la totalité des dépenses faites pour les possessions de la France sur la côte septentrionale de l'Afrique.

Paris, le 10 mars 1834.

Le Duc DE CAZES, *Président;*

MOUNIER, *Rapporteur.*

DISCOURS

DE

M. DE LA PINSONNIÈRE,

DÉPUTÉ D'INDRE-ET-LOIRE.

Dans la discussion de la partie du budget de la guerre, relative à la colonisation d'Alger.

(Séance du 29 avril 1834.)

MESSIEURS,

Les fautes du passé sont destinées à servir d'enseignement à l'avenir ; je ne pense pas toutefois que nous devions en faire un thème à d'inutiles récriminations, et cela avec d'autant plus de raison que la presque totalité de ce qui vous a été dit hier et aujourd'hui n'est plus que de l'histoire, et ne peut être attribué à l'administration actuelle.

Je ne suivrai donc pas quelques-uns des orateurs qui m'ont précédé à cette tribune sur le terrain où ils se sont établis.

Cette discussion a pour but d'éclairer le pays ; elle ne doit pas soulever les passions ; permettez-moi d'essayer l'un et d'éviter l'autre. Je vous demande un peu d'attention et votre indulgence.

Conservera-t-on ou abandonnera-t-on Alger ? Telle est la première question. Si l'on conserve, quel système adoptera-t-on ? Telle est la seconde.

On conçoit les deux opinions qui tendent à l'abandon ou conservation ; mais il s'est glissé entre elles un système douteux, qu'il est plus difficile, sinon impossible, d'apprécier; c'est celui qui consisterait à se retrancher dans quelques forteresses entourées d'une enceinte stratégique très restreinte.

Ce système, qui n'est qu'une retraite déguisée, n'est pas le mien, il n'est pas non plus celui de la commission.

Il existe bien encore quelques plans fugitifs d'occupation; mais la réflexion en fait justice de suite, et il n'en peut être question ici que pour mémoire. Tel serait, par exemple, l'établissement de comptoirs de commerce par traité fait avec les naturels à qui on abandonnerait le pays : comme s'il existait un pouvoir indigène assez influent pour faire avec nous un traité de quelque consistance, et assez peu avisé pour s'y soumettre si la faiblesse nous conduisait à le lui proposer. Et avec qui ferions-nous ce traité? A qui céderions-nous le pays? aux Maures, aux Arabes, aux Kabaïles qui l'habitent, ou bien aux princes tunisiens et maroquins?

Quant aux Maures, ils ne demandent pas mieux dans leur aveuglement vaniteux, mais ils sont trop faibles; aux Arabes, ils ne le peuvent ni ne le veulent; aux Kabaïles, ils n'en ont pas besoin et s'en moquent, mais ils ne voudraient supporter ni la domination des Maures, ni celle des Arabes. Vous organiseriez quelque chose par ce moyen, ce serait l'anarchie, et il n'est pas probable que le commerce dût y trouver un grand avantage; sa position dans le pays se serait amoindrie de tout l'appui que lui accordait le gouvernement régulier que vous avez détruit. Je parlerai plus tard de la cession aux princes tunisiens ou maroquins, et l'on verra que, de même que l'abandon aux indigènes, elle ne serait que la ruine complète de l'avenir de la France dans ce pays.

La question se borne donc à l'occupation présentant un avenir, ou à l'abandon pur et simple.

Une opinion en France, s'entourant du prestige que les choses lointaines et aventureuses répandent autour d'elles, s'abandonnant aux entraînemens de l'imagination qui veut voir du merveilleux partout, qui veut voir dans cette nouvelle terre promise d'Alger un sol à produits gigantesques et spontanés, et toute l'immense Afrique brûlant subitement de l'ardeur de consommer nos produits, cette opinion déclare que la France ne doit reculer devant aucun sacrifice tendant à coloniser la Régence ; toutes les espérances dont la réalisation serait considérée comme douteuse dans notre pays des lumières et de la civilisation sont admises d'avance comme chose sûre et immédiate ; et déjà, à l'entendre, il s'en faut de peu que l'Afrique ne soit sillonnée de chemins de fer, pour donner sans doute l'exemple à la métropole.

Une autre opinion, se perdant dans l'exagération contraire, ne se donne même pas la peine de douter un instant ; elle affirme dédaigneusement, de son côté, « que l'occupation de la « Régence est une conception puérile ; qu'elle ne serait qu'un « fardeau sans compensation possible ; que l'espérance d'avan- « tages réels est ridicule ; qu'il ne s'agit de rien moins que de « grever à tout jamais le Trésor d'une dépense énorme, d'écra- « ser les contribuables de France pour acheter au loin une « espérance chimérique, tandis que vous avez chez vous tant « de dépenses utiles à faire et que vous ajournez. Elle pré- « tend que l'expérience est là pour prouver que jamais colo- « nisation n'a été profitable à sa métropole, et que souvent « elle a été ruineuse ; que les avantages politiques que l'on « rattache à la possession des côtes de la Régence sont nuls, « puisqu'elles ne présentent ni ports, ni rades sûrs ; que vos « expéditions, en cas de guerre avec quelque puissance que « ce soit, se feront bien plus vite et plus sûrement des côtes « de France que de celles d'Afrique ; que votre surveillance « sur la Méditerranée s'exercera d'une manière tout aussi « efficace de Toulon que de Bone, Alger ou Oran ; qu'il

« est difficile de s'avancer militairement dans le pays, sans
« avoir à faire une guerre onéreuse, et que cependant, pour
« coloniser, il faudra porter vos troupes en avant ; que les
« dépenses que vous ferez pour l'occupation seront en pure
« perte, parce que l'évacuation sera une conséquence forcée
« de la première guerre européenne ; que les intérêts créés
« ne peuvent avoir de poids dans la balance, parce que, jus-
« qu'à présent, ils n'ont dû se classer qu'à leurs risques et
« périls, et que d'ailleurs ils ne sont pas assez importans ni
« aujourd'hui, ni en espérances, pour motiver de grands
« sacrifices ; qu'au surplus, la colonisation est impossible,
« que le sol n'est pas, à beaucoup près, aussi bon qu'on le
« dit, que même il est en général d'une qualité médiocre ;
« que d'ailleurs la France n'a besoin d'aucune espèce des
« produits ou matières premières qu'on attribue fort légère-
« ment à la Régence ; qu'en tout cas, il faudrait les payer là
« comme ailleurs, et déclasser ainsi notre commerce, c'est-
« à-dire renoncer aux avantages certains que nous trouvons
« chez des nations toutes faites, abandonner le connu pour
« l'inconnu, et tout cela pour attendre pendant vingt années
« un commencement de réalisation. On ajoute que vous ne
« pourriez ni assainir, ni défricher les parties marécageuses
« et insalubres, telles que la Métidja et la Bougima, qui vous
« barrent le passage à Alger et à Bone, parce que les Arabes
« ne voudront pas mourir pour un léger salaire, et que vous
« ne devrez y employer ni l'armée, ni les forçats ; que vous
« vous tromperez en Afrique comme en France sur l'évalua-
« tion des travaux et que, quand vous croirez dépenser 20
« millions, il en faudra payer 40 ; que les colons manque-
« ront ou végéteront, et qu'en supposant que les circons-
« tances favorisent particulièrement l'arrivée de ces colons,
« ce qui est douteux, cette grande abondance se bornera
« toujours, pendant un grand nombre d'années, à quelques
« milliers d'aventuriers insuffisans pour réaliser ce rêve de

« richesse et de prospérité, insuffisans pour décharger le
« Trésor des frais énormes d'une occupation inutile.

« De plus, les colons producteurs seront nécessairement
« venus de quelque part ; là où ils étaient ils pouvaient con-
« sommer, et leur changement de position n'aura par con-
« séquent pas amélioré votre mouvement commercial.

« On nie que vous puissiez attirer à vous les naturels, ou
« les chasser, que vous puissiez faire avec eux un commerce
« profitable ; on vous demande si dans l'état actuel ils ont
« des terres régulièrement cultivées, quels sont les objets
« de consommation qui leur manquent, quels sont les pro-
« duits qu'ils vous donneront en échange ; on prétend que
« ces produits sont nuls ou à peu près, et qu'un misérable
« commerce ne mériterait pas tous ces efforts de notre part.

« On demande enfin quels sont les revenus publics de la Ré-
« gence, et s'il n'en existe pas d'assez considérables pour
« couvrir les frais d'occupation ; si au moins ce résultat ne
« peut être obtenu très prochainement, on en conclut que
« les sacrifices seront éternels et qu'il faut abandonner.

« On ajoute qu'il ne faut pas suivre la nation si elle s'est
« engouée mal à propos, mais la précéder, l'éclairer et lui
« montrer la bonne voie, la plus prudente au moins. »

Telle est à peu près la longue série des griefs contre la colonisation ; il n'a fallu en atténuer aucun, car il faut rechercher consciencieusement la vérité partout. Il s'agit maintenant, dans ce conflit d'opinions extrêmes, de déterminer la valeur réelle de ces grands avantages que l'on prise si haut, de ces immenses inconvéniens dont on fait un si terrible épouvantail.

Sous le point de vue matériel, consentons à renoncer au merveilleux en Afrique ; mais tenons compte aussi de la simple réalité.

La Providence a grandement favorisé ce pays : cependant

il faudra que, là comme ailleurs, les bras et l'intelligence de l'homme viennent au secours de la nature.

Le ciel de la Régence, le sol jadis si vanté pour sa richesse, sont les mêmes qu'autrefois; les hommes seuls ont changé. Le climat est très favorable aux Européens, avantage si rare dans nos autres colonies. Les terres, loin d'être douteuses, ont généralement une qualité supérieure, et, par une circonstance heureuse, leurs produits les plus naturels (l'huile, la soie et le coton) ne sont pas destinés à entrer en concurrence avec les nôtres, et ils se trouvent au contraire dans le cercle de nos besoins. On se rappelle la prospérité de l'Afrique romaine, et si l'on nie la grande importance des 535 évêchés qui existaient au temps de saint Augustin, ils supposent au moins qu'il y avait 535 agglomérations d'habitans, et par conséquent des populations riches. Sur les bords du Schéliff seulement, on rencontre les ruines de quarante villes romaines. A l'époque de la république, la Sicile alimentait l'Italie; plus tard, sous l'empire, les besoins de l'Italie augmentèrent: ce fut l'Afrique, la Mauritanie, autrement dit la Régence d'Alger, qui remplaça la Sicile. Il existait donc dans le pays une richesse non pas seulement relative, mais bien positive, puisqu'il s'y faisait une grande exportation de produits; et quand même la France ne pourrait monopoliser sa colonie, ne serait-ce donc rien que la création d'un nouveau peuple utile au monde civilisé? Et faut-il, d'ailleurs, rapetisser cette grande question de l'Afrique aux mesquines proportions de l'intérêt financier d'un jour? Ne renferme-t-elle rien de plus qu'un système d'exploitation fiscale?

On ne peut calculer mathématiquement par sous, livres et deniers, ce que la Régence produira à une époque déterminée, mais on peut dire : Semez, et vous êtes sûrs de récolter; adoptez un système convenable, et vous aurez des colons; car toute l'Allemagne et la Suisse n'attendent que le moment favorable pour faire prendre la direction d'**Alger** à ce genre d'émigration qui porte avec elle de petits capitaux et des bras pour les utiliser. L'Alsace et le midi de la France sont déjà émus par l'attrait du voisinage, et le bien-être qu'on n'aurait pas été demander à des contrées lointaines, on le recherchera près de soi.

Un sentiment indéfinissable attache l'homme à son pays natal; c'est pour lui un grand malheur de s'en éloigner. L'Européen qui va défricher les forêts d'Amérique doit dire un éternel adieu au foyer de ses pères; les communications sont si rares et si difficiles! Quelle différence avec l'Afrique! Quelques jours et peu de dépense suffisent à un voyage d'aller et de retour. On communique plus promptement d'Alger à Toulon que d'une partie de la France à l'autre, de Marseille à Lille, par exemple. La facilité du retour en émousse le besoin, et l'émigration ne paraît plus être une nécessité douloureuse, mais un moyen ordinaire d'arriver à une position meilleure.

Ce ne sont pas sans doute les rédacteurs de la *Tribune*, comme on vous l'a dit, les agitateurs de haut bord, qui dépensent leur vie et leur talent à bouleverser leur pays au lieu de le servir, qui abandonneront le théâtre des révolutions pour la paisible agriculture ou pour quelque industrie honnête; mais l'Afrique pourra être le refuge de cette partie de notre population mitoyenne, sinon exubérante, au moins inquiète et déclassée, qui nous gêne en France, qui s'y trouve mal à l'aise elle-même, et qui viendra chercher dans ces vastes plaines un aliment à son activité.

Si l'on ne veut considérer comme réellement avantageux dans une colonie que l'or qu'elle verse directement au trésor de la métropole, il est sûr qu'un grand nombre de celles qui existent n'ont pas toujours répondu à cette attente, si tant est que les hommes d'état véritables se soient jamais bien sérieusement attachés à ce système d'économie politique qui consisterait à exploiter une colonie pour le compte de la métropole, comme on le ferait d'une forêt de l'Etat. Parmi les colonies que nous possédons, il n'y a que celle dont l'existence compte à peine pour mémoire qui ne soit pas onéreuse (Pondichéry) : toutes les autres sont à charge au budget. Le Trésor royal d'Angleterre ne retire rien directement des immenses possessions britanniques sur tous les points du globe ; s'ensuit-il qu'il faille renoncer à notre puissance lointaine, et que l'Angleterre doive considérer la sienne comme au moins inutile? Non, le véritable avantage, celui qui alimente indirectement le Trésor national bien autrement qu'un misérable impôt sur des industries qu'il faudrait protéger et non comprimer, le véritable avantage est ce développement de facilités commerciales qui, en augmentant les richesses individuelles, vient si heureusement concourir à la richesse de l'Etat.

L'Angleterre serait-elle ce qu'elle est, si elle n'avait rien possédé en Asie, en Amérique, partout enfin à des distances souvent énormes? Elle a fait des sacrifices incalculables pour conquérir à six mille lieues d'elle quelque nouvelle branche de commerce ; son gouvernement n'a pas dit au parlement : L'Inde produit tant d'impôts par an, mais il a porté aux recettes de son budget plusieurs centaines de millions pour les impôts indirects, résultant de ce mouvement prodigieux dans le commerce d'échange sur le thé, les épices, la soie, le coton, le sucre d'une part, et les produits de son industrie de l'autre. On vous a judicieusement fait remarquer, dans un rapport, que la France partage aujourd'hui avec l'Italie, l'Angleterre et les Etats-Unis le commerce presque exclusif qu'elle faisait avec le Levant ; que la proportion de ce partage lui est même très défavorable ; toute occasion de le remplacer doit donc être considérée comme une bonne fortune, doit être saisie avec empressement.

Nos colonies actuelles ne sont si peu productives, ou plutôt elles ne sont si onéreuses que parce qu'elles sont trop éloignées, trop peu importantes, et que les temps étant changés, le système qui les régit n'est plus en harmonie avec les progrès de la métropole ; l'éloignement surtout est un des obstacles les plus grands. Notre Inde à nous, c'est la Régence d'Alger ; c'est là qu'à notre porte, sous nos yeux, nous coloniserons comme on pourrait le faire en Bretagne ou dans quelque département de la France, et par conséquent bien plus facilement que n'ont fait nos voisins à l'autre bout du monde ; et je ne dirai pas à la France : Comptez sur votre colonie pour un impôt foncier, pour quelques droits de douanes, d'ancrage, de tonnage, qui ne sont qu'un reste de barbarie, s'ils font autre chose dans un État naissant que de le protéger. Mais voyez le commerce de toute l'Afrique prendre naturellement la direction de la Régence, où il trouvera toute la sécurité qui manque aux pays barbares et appartient aux pays policés, toute la facilité que présente le voisinage de la France qui l'alimentera. Voyez l'industrie agricole renaître enfin dans ce pays, et par vous mêmes et par l'indigène. L'indigène ne produit pas aujourd'hui la dixième partie de ce qu'il pourrait produire, parce que sous l'ancien gouvernement le travail ne lui offrait pas toujours la perspective d'une amélioration à son sort ; une aisance inaccoutumée provoquait la persécution, et tout élan d'industrie était à l'instant comprimé par des avanies. Aucun obstacle de ce genre n'existera désormais. Le mouvement commercial extérieur était encore de 6 millions, malgré les difficultés extrêmes qu'il rencontrait ; il y a tout lieu de croire qu'avec le penchant si prononcé des indigènes pour le trafic, un système de protection et d'encouragement à de nouvelles productions le porterait rapidement à l'état le plus florissant. C'est alors que s'élèveraient de vastes entreprises commerciales dans vos départemens du midi, si impatiens de saisir cette chance de fortune ; c'est alors que de nouvelles richesses puisées à ces sources nouvelles viendraient accroître le revenu public, qui suit toujours les phases du bien-être privé. Ce sont là des vérités positives qui dominent tous les superbes dédains des anti-colonistes.

Notre industrie demande tous les jours un champ plus vaste pour ses développemens, et tous les jours, au contraire, le commerce étranger, pouvant livrer ses produits à plus bas prix que nous, tend à nous repousser de tous les marchés. Nos transactions deviennent plus difficiles, nous redoutons les spéculations d'une longue haleine, les spéculations lointaines entourées pour nous de plus de hasards; car les limites tracées par le bénéfice ne sont plus assez larges pour nous permettre de livrer quelque chose à des chances de mécomptes, si nous voulons lutter encore contre cette concurrence étrangère. Profitons alors de la position avantageuse de l'Afrique à notre égard ; les essais commerciaux y seront peu coûteux en raison du voisinage, les transactions marcheront avec rapidité sous l'influence d'une surveillance active.

Il est clair qu'il serait absurde de dire qu'il y aura avantage pour notre commerce à prendre les matières premières dans notre colonie, chez nous-mêmes, comme on dit, plutôt que chez les producteurs étrangers qui nous les fournissent aujourd'hui ; car nos fabricans paieront apparemment l'huile, la soie et le coton aux producteurs algériens comme aux Italiens et aux Égyptiens; et si cette nouvelle production n'était pas accompagnée d'une augmentation proportionnelle de consommation, il est certain qu'il n'y aurait que déclassement, ce qu'il est toujours dangereux de tenter. Mais il faut bien reconnaître que la production des matières premières sera en raison des bras qui la provoqueront, en raison de la consommation ; que par conséquent l'une compensera l'autre, sans nuire aux relations qui existent aujourd'hui avec les autres nations.

D'ailleurs l'amélioration des mœurs des indigènes, quelque peu sensible qu'elle soit, tendra toujours à augmenter cette consommation de vos produits ; il en résultera que le mouvement industriel d'Europe sera amélioré de tout ce que la colonisation aura reçu de développemens, sans le moindre déclassement dans les intérêts du monde commercial.

J'ai dit, l'un des premiers, que la civilisation des Arabes, comme nous l'entendons en Europe, était difficile et peut-être impossible ; que la difficulté d'une entière fusion en était la conséquence : mais ils ont leur civilisation à eux, elle se perfectionnera par notre voisinage ; ces deux natures d'hommes, les Africains et les Européens, ne se mêleront probablement pas tout à l'heure, mais elles finiront par se porter mutuellement assistance dans les habitudes de la vie. Sans doute il n'y a pas progrès aujourd'hui, mais il faut dire que ce ne sont pas les bienfaits de notre administration que nous avons portés dans la Régence, ce sont au contraire tous les excès et tous les désordres de notre civilisation.

Les colons auraient consommé dans leur patrie, dit-on ; cela est vrai s'ils en avaient eu les moyens ; mais ce sont précisément ces moyens, qui leur manquaient probablement, qu'ils seront venus chercher dans ce pays nouveau. La population s'accroît du reste dans les familles en raison de l'aisance qui s'y manifeste. Le colon, privé de moyens d'existence en Europe, y reste isolé sans chercher à se créer des liens de famille ; devenu propriétaire ou commerçant, il voudra s'entourer de ces jouissances d'intérieur que l'homme recherche toujours et que son aisance lui permettra.

En fait d'importance politique, toute puissance stationnaire est rétrograde aujourd'hui. Il ne s'agit pas de faire une guerre sourde aux intérêts de nos voisins, de leur faire, par des moyens honteux et dont nous aurions à rougir, quelque tort matériel dont nous devions retirer seuls un grand bénéfice ; mais si la France ne suivait pas l'exemple de toute l'Europe, si elle ne cherchait pas à maintenir noblement son influence à ce haut degré qui lui appartient, elle finirait tôt ou tard par être dépassée; ce n'est plus elle seule alors qui subirait les fâcheuses conséquences de sa résistance à l'entraînement universel, ce serait l'Europe entière, dont l'existence est intimement liée à la sienne.

Ne doit-on pas considérer comme un bienfait de la Providence que, sans nuire à personne, et, au contraire, dans l'intérêt de tous, dans l'intérêt bien entendu des besoins sociaux et industriels du monde entier, la France puisse entrer dans cette nouvelle voie d'amélioration de son état politique?

A cette question politique se rattache un argument contre l'emploi de nos forces militaires en Afrique.

On fait grandement ressortir la privation du corps d'armée engagé dans la Régence, si par hasard la France avait une guerre à soutenir en Europe. C'est une erreur; on ne considère sans doute nos trente mille hommes d'occupation comme une charge que parce qu'on pourrait s'en passer en France; cette ressource n'existerait donc pas au moment de la guerre, ou bien il faut supposer qu'on la conserverait toute prête, et alors où serait l'économie?

L'occupation d'Alger par la France ne peut inquiéter personne; elle est plutôt un motif de sécurité pour tout le monde, car la situation topographique de ce pays est telle que sa prospérité dépend de l'état pacifique de l'Europe, et la France aura par conséquent un intérêt de plus à la conservation de la paix.

On a prétendu aussi que cette occupation éveillerait des susceptibilités d'amour-propre; je les redouterais peu pour mon compte; mais qu'on se détrompe encore à cet égard: l'amour-propre des peuples repose sur des intérêts positifs; or, on vous l'a dit hier, et cela est vrai, la colonisation de l'Afrique ne se rattache à aucun des intérêts des puissances continentales. Toutes les vues sont d'ailleurs engagées autre part. L'Angleterre seule se retrouverait dans le cercle de ces habitudes pour une opération de ce genre ; mais elle aussi est surchargée d'intérêts bien plus pressans; et loin de vouloir y mettre obstacle, elle se félicitera bien certainement de nos efforts pour la création d'un nouveau peuple de consommateurs. C'est au moins ce que le simple raisonnement fait entrevoir comme le résultat le plus probable. Il y a dans la colonisation de la Régence un intérêt évident, commun à toutes les nations; c'est l'anéantissement de la barbarie campée depuis tant de siècles à la porte de l'Europe, et l'avenir d'avantages réels semblables à ceux que la colonisation de l'Amérique du Nord a offerts à la civilisation.

Profitons alors d'une occasion unique qui ne se représentera jamais si nous la laissons échapper ; qui aurait fait le but de notre politique pendant des siècles, si nous avions osé espérer un succès que nous semblons mépriser aujourd'hui par sa facilité.

A ne considérer maintenant que le fait matériel de la position, qui pourrait douter des avantages qui existent à nous placer des deux côtés de la Méditerranée, à posséder une étendue de 200 lieues de côtes qui commandent cette mer si chargée d'intérêts, et cela à quelques jours de distance de la France? On objecte que nous serons encore à 500 lieues des événemens; mais n'y a-t-il donc que les intérêts de l'Orient dans l'avenir? et d'ailleurs se régleront-ils invariablement sur place? L'Amérique a été le champ de bataille où se sont vidées bien des querelles entre la France et l'Angleterre.

Si la Régence n'a pas de ports, elle a des rades excellentes ; et d'ailleurs la création d'un port ou deux suffisant pour les besoins extraordinaires ne serait ni impossible ni très coûteuse; ce serait aux développemens de l'occupation à déterminer l'époque opportune d'un pareil travail.

Nous sommes sans doute très heureux d'avoir sur la Méditerranée un port comme Toulon pour nos armemens de guerre et pour faciliter notre surveillance; mais on se ferait une singulière idée des choses si l'on ne reconnaissait que nous serons d'autant plus forts que nous aurons un plus grand nombre de ces points de départ et de relâche qui semblent avoir été disposés pour être à notre portée dans toutes les circonstances présumables. On nie l'influence que l'occupation de quelques nouveaux points militaires peut nous donner dans la Méditerranée; c'est nier l'évidence de la lumière, et certainement il n'est aucun des plus fermes opposans qui ne sourirait à l'idée de rentrer dans la possession des îles de Malte et de Corfou que nous avons perdues.

C'est la dépense qui épouvante les adversaires de l'occupation et qui dérobe tous les avantages à leurs yeux prévenus. A coup sûr, cette dépense est fâcheuse pour tout le monde, mais ce ne sont pas des mesures timides ou incomplètes qui remédieront au mal, elles l'aggraveraient certainement; ce n'est même pas l'abandon, car il est impossible.

Les sacrifices sont grands sans doute, et il serait bien préférable de n'avoir pas à les faire; mais qu'on examine ceux auxquels une puissance voisine s'est résignée pour occuper de simples positions militaires; qu'on demande à l'Angleterre si elle regrette les nombreux millions qu'elle a enfouis dans la montagne de Gibraltar, dans les rochers de Malte, dans ceux de Sainte-Hélène, de l'Ascension, etc.; qu'on lui demande si elle proposerait aujourd'hui de mettre en jugement l'amiral qui s'empara par manière de passe-temps de cette montagne de Gibraltar, et si la puissance politique qu'elle a su acquérir par ce genre de sacrifices n'a pas pour elle cet intérêt positif que nous recherchons pour la France et qui lui coûtera si peu en comparaison? Au surplus, nous n'avons pas la liberté du choix entre l'occupation et l'évacuation.

Je ne parlerai pas de notre amour-propre national, qui

se sentirait si cruellement froissé par l'abandon d'Alger ; nous législateurs, nous ne devons voir que le côté positif des choses ; toutefois, on peut dire que, quelque opposé qu'on soit à la colonisation, un sentiment impérieux nous domine, nous entraîne et nous défend de renoncer à notre conquête.

L'occupation est une nécessité absolue ; tâchons de l'escompter au meilleur marché possible, et voyons si le bon marché consiste dans le peu de dépense, ou s'il ne serait pas plutôt dans la manière de dépenser.

L'occupation est une nécessité, car à qui céderait-on la place? à une puissance européenne? Personne n'aurait le honteux courage de le proposer. Aux indigènes? Nous avons vu que ce serait substituer au gouvernement régulier qui existait avant nous l'anarchie la plus absolue, anarchie qui redonnerait la vie à la barbarie et à la piraterie, qui anéantirait le commerce et les destinées de cet immense continent d'Afrique, et je répudie, pour mon compte, ce résultat pour une conquête de la France.

Cette conquête est certainement un lourd fardeau que la restauration nous a légué, et sans contredit il eût mieux valu jeter la ville dans le port, au risque de ruiner le commerce que nous y faisions, que de nous trouver en présence d'une pareille nécessité, car on n'a pas toujours le moyen de faire une bonne affaire. Mais au point où nous en sommes, pouvons-nous sagement trancher la question par l'abandon ?

On prétend que ceux qui sont appelés à gouverner les peuples ne doivent jamais céder à l'entraînement d'un amour-propre national derrière lequel il n'y a pas un intérêt positif, je l'ai dit aussi; mais s'il ne faut pas céder à l'engouement des peuples lorsqu'il est déraisonnable, il faut savoir aussi deviner et comprendre tous leurs véritables intérêts partout où ils se trouvent.

Sous le gouvernement des Turcs, la piraterie s'exerçait légalement, et lorsqu'une puissance européenne se sentait trop fortement blessée, elle savait où porter sa vengeance; elle bombardait Alger.

Mais avec l'anarchie, la piraterie surgirait de tous les points de la côte; chaque petit port, chaque petite crique lancerait un forban sur votre commerce; et à qui vous en prendriez-vous alors, où trouveriez-vous les coupables?

Ce serait aux montagnes de l'Atlas qu'il faudrait aller demander satisfaction, et là on se moquerait de vous. L'abolition de la piraterie a permis à la navigation de prendre un élan immense dans la Méditerranée : cette navigation, qui est restée stationnaire dans l'Océan, a augmenté d'un quart dans cette mer depuis 1830; le revenu de nos douanes s'y est également amélioré dans la même proportion[1]. Il y a tout lieu de croire que c'est à la complète sécurité qui règne maintenant qu'il faut attribuer la plus forte partie de ce résultat, que l'on pourrait avec raison porter en déduction des frais d'occupation.

Si donc une étude particulière des ressources du pays nous démontre qu'à côté des charges de l'occupation il existe des compensations, sinon merveilleuses, au moins bien réelles; s'il résulte de l'appréciation impartiale de l'état des choses ue l'abandon d'Alger replacerait ce pays dans une position bien plus fâcheuse pour l'Europe qu'elle ne l'était avant notre expédition; si on propose alors des mesures, non-seulement sans avenir, mais dont la conclusion serait l'évacuation, ce sera bien positivement égarer la France.

Nous avons rendu un grand service à l'humanité en détruisant la piraterie de fond en comble; mais notre mission ne sera point entièrement accomplie tant que la barbarie n'aura pas cédé la place à la civilisation, tant que nous lais-

---

(1) Environ 7,000,000.

serons subsister à quelques heures des ports de l'Europe une terre inhospitalière où, depuis des siècles, nos marins naufragés n'ont eu d'autre alternative que des chaînes ou le yatagan. « L'état de décadence des peuples de ces côtes, « leur peu de consistance numérique, les profondes divi- « sions qui les épuisent, leur dépérissement rapide depuis « un siècle et leur aptitude bien marquée à maintenir ou « à élever désormais des Etats durables, nous avertissent « que ces populations touchent au terme de leur existence « politique. » Les temps sont marqués pour les nations comme pour les individus; c'est une révolution sociale qui doit s'opérer en Afrique, elle est imminente ; elle est inévitable. Que la France ait donc la gloire de la diriger et de la conduire à bien ! Ce grand événement ne nous échapperait que pour passer aux mains de quelque nation européenne qui saurait l'exploiter mieux que nous et peut-être contre nous. Ceci est encore une nécessité politique.

Quant aux craintes si vives qu'une prétendue insalubrité générale semblerait inspirer, il est très facile maintenant de reconnaître combien elles sont peu fondées : l'expérience nous éclaire tous les jours et nous apprend au contraire que peu de pays sont à cet égard aussi favorisés que la Régence, si l'on veut seulement se soumettre aux légères exigences du climat. Les indigènes n'ont que peu ou point de malades, et ils vivent jusqu'à un âge avancé. A Alger, la proportion des malades de l'armée n'est que d'un vingt-cinquième ; elle n'est même que d'un cinquante-cinquième à Oran, tandis qu'en France elle est d'un dix-neuvième ; l'avantage est donc pour la Régence. C'est avec raison que l'on a dit dans un rapport que l'insalubrité se bornait à quelques rares localités; il y a plus, elle n'est pas permanente dans ces localités, et n'est qu'un accident de certaines saisons. Malheureusement il est bien vrai que les plaines de la Bougima et de la Métidja, qui sont si près de nos établissemens de Bone et d'Alger, sont aujourd'hui très insalubres ; mais il est facile de faire disparaître les causes de leur insalubrité, et l'expérience faite depuis quelques mois est venue rassurer complètement sur les conséquences funestes que l'on redoutait pour les travailleurs.

On sait maintenant qu'en choisissant l'époque convenable de l'année, on peut se livrer aux travaux de desséchement avec aussi peu de dangers qu'à d'autres, et qu'il n'y a pas le moindre risque à courir depuis le mois d'octobre jusqu'au mois de mars. Nous avions encore dernièrement 17 à 1,800 ouvriers occupés à creuser des canaux d'écoulement pour les eaux stagnantes, et jamais l'état sanitaire n'a été aussi satisfaisant. C'est le printemps et l'été qu'il faut redouter, et jusqu'à 1833, c'est précisément pendant l'été que nous avons travaillé le plus fortement.

S'il s'agissait de déterminer ici le degré de difficulté des travaux d'assainissement et la dépense qu'ils occasionneront, on pourrait dire que les résultats obtenus jusqu'à ce jour ont dépassé toutes les prévisions sous le rapport de l'assainissement comme sous le rapport du peu de dépense. Les évaluations, loin d'être trop faibles, éprouvent encore à l'exécution de sensibles diminutions.

Au moyen de canaux très peu importans, le desséchement s'opère du jour au lendemain. Douze charrues travaillaient naguère facilement dans un terrain qui, au mois de novembre dernier, était encore sous l'eau; il est maintenant couvert d'avoine. Nous dépensons moins de 50,000 fr. par mois pour nos 1,800 ouvriers, qui se composent de 1,000 Arabes ou Kabaïles, à 1 fr. 30 cent. par jour; 500 condamnés et 300 disciplinaires à 50 cent. Les naturels, loin de se refuser à ce genre de travail, se présentent en bien plus grand nombre qu'on ne peut en employer, et le zèle des Européens prouve qu'ils le considèrent moins comme un châtiment que comme un moyen honorable de réhabilitation.

Tout fait présumer aujourd'hui qu'avec un pareil travail, de quatre à cinq mois par an pendant un petit nombre d'années (sept ou huit par exemple), la Métidja serait complètement assainie; ce serait par conséquent une dépense totale de 15 à 1,600,000 fr. La plaine de Bone serait également assainie presque pour rien en comparaison (50 à 100,000 francs environ), et en une campagne.

Si l'on se trompe souvent en France dans l'appréciation des dépenses de travaux publics, c'est principalement à raison de la mobilité des moyens d'exécution, la main-d'œuvre qui sert de base étant à bas prix aujourd'hui, et s'élevant rapidement demain par suite de la plus grande quantité de travail, et de plus parce que les devis sont faits la plupart du temps, en ce qui concerne les terrassemens, sur appréciation théorique, au lieu de l'être d'après le résultat de l'expérience. En Afrique, au contraire, le prix de main-d'œuvre, quant aux naturels, éprouvera plutôt une diminution qu'une augmentation, car la concurrence tend à s'accroître tous les jours; et quant à l'armée, aux condamnés ou aux disciplinaires, le prix est invariable.

A Bone et à Alger il n'y a pas de travaux d'art à faire pour les desséchemens; la nature a pourvu aux nivellemens; de plus, ce qui a déjà été exécuté est une base certaine pour l'appréciation de ce qui doit l'être à l'avenir. Qu'on ne nous dise donc plus que le pays est insalubre, et que l'assainissement est impossible. Qu'on ne nous dise pas non plus que pour donner des terres à cultiver en Afrique nous allons nous livrer à des dépenses qu'il serait bien plus convenable de faire en France. Cette dépense n'est pas proposée dans des vues si étroites; car si la Métidja était seulement à vingt lieues d'Alger, on n'y penserait pas; mais elle est indispensable pour former un établissement sérieux, et dès lors il ne faut plus hésiter si l'on veut occuper le pays. Tant mieux alors si cette mesure présente en même temps l'avantage de faciliter les développemens d'intérêts agricoles privés.

Quant aux intérêts créés, aimerait-on mieux que, si l'on doit conserver la Régence, tout fût encore à y faire? Non, sans doute; eh bien! que les intérêts créés ne soient pas pour nous une cause absolue de conservation, car ils sont trop minimes pour motiver les sacrifices de la France : mais félicitons-nous de trouver un commencement de vie au moment où nous allons adopter un système déterminé de colonisation.

Il est certainement difficile de s'avancer militairement dans le pays à la manière européenne ; mais cette difficulté a peu d'influence sur notre position en Afrique. Beaucoup de gens ont pensé que la guerre était une conséquence de notre occupation, qu'elle était la seule base sur laquelle reposât notre possession réelle, et ils en ont fait leur principale objection; c'est une grave erreur. Ce n'est pas la conquête à main armée qui nous rendra maîtres de la Régence ; la guerre ne doit être considérée que comme un accessoire, comme un *en cas* sur lequel on s'appuiera moralement plutôt qu'en réalité. Cette vérité ressort à chaque instant de tout ce qui se passe à Alger : toutes les fois précisément que l'action militaire a paru en première ligne, votre puissance a baissé ; partout au contraire où l'on s'est écarté momentanément d'un système de guerre incessante, les résultats ont été immédiats, votre puissance a grandi.

On ne peut donc trop répéter que la guerre, loin d'être la conséquence forcée d'un déploiement de moyens militaires, sera en raison inverse d'une occupation hardie et fortement combinée, et d'une colonisation *négociatrice* habilement conduite. Dans un pays où les intérêts sont si divisés, où l'état normal est la destruction, où nous rencontrons une si grande répugnance contre nos mœurs, où cependant nous voulons créer des liens sociaux, une industrie productrice, et nous rapprocher le plus possible de cet état de fusion qui serait à lui seul la moitié de l'accomplissement du grand œuvre; dans ce pays c'est moins du sang qu'il faut verser que des négociations qu'il faudra faire. Toujours prêt à combattre et négociant toujours, telle est la position du chef de la colonie; car aussi c'est moins de la gloire militaire qu'une paix profitable que nous désirons; mais qu'on ne perde pas de vue toutefois que toute manifestation permanente de votre part encouragera vos partisans indécis, découragera vos ennemis: et lorsque l'on considère que le guerrier arabe est indépendant, qu'il n'agit à la guerre que pour son compte, sans l'attrait d'une récompense publique comme chez nous, qu'il n'a rien à en espérer que ce qu'il sait en tirer lui-même; qu'il doit se fournir d'un cheval, d'armes, de munitions, de vivres; qu'il doit s'éloigner de sa famille et de ses richesses, et les laisser à la merci des tribus voisines ses ennemis naturels, on comprend toute la difficulté pour les indigènes d'organiser une armée nombreuse, et d'obtenir d'elle un service prolongé. C'est aussi ce qui n'arrive jamais; et avec de la prudence et de la ténacité nous serons toujours en mesure de leur résister et d'épuiser leurs moyens de tenir la campagne.

Loin d'avoir 150,000 hommes à nous opposer au moment de notre invasion, comme l'a dit M. de Sade, au moment du péril le plus imminent que jamais la Régence ait couru, le dey n'en avait pas 40,000, et encore quels hommes! et le jour de la capitulation, trois semaines après, il n'y en avait pas 15.

Abd-el-Kader voulait dernièrement frapper un grand coup; il avait promis à ses peuples d'enlever la commission et de prendre Oran; on sait qu'il commande aux tribus les plus belliqueuses et les moins désunies de la Régence. Eh bien! il nous a attaqués avec 4,000 hommes; nous avions

1,800 hommes d'escorte, et à la manière dont il a été reçu, il n'a pas été tenté de recommencer le lendemain.

Les difficultés matérielles que pourraient présenter les opérations militaires sont donc sous ce point de vue de très peu d'importance.

J'ai déjà dit que la question d'abandon n'était plus laissée à notre libre arbitre, et que nous étions dans l'obligation de conserver notre conquête, sous peine de honte, sous peine de trahir nos intérêts politiques et commerciaux dans la Méditerranée; toutefois, quelques-unes des objections restent encore entières. Il est bien facile de les détruire; mais, pour compléter la réfutation, il faut nécessairement supposer pour un instant que la conservation est résolue et entrer dans le système d'occupation.

Il est certain qu'il ne faut pas rêver la création subite d'un royaume florissant en Afrique, une colonisation brillante et gigantesque qui se perde dans les nuages; de même qu'il ne faut pas envisager l'avenir de l'occupation sous une forme trop humble et trop rétrécie. On ne transporte pas du jour au lendemain, d'un pays peuplé et civilisé à celui qui ne l'est pas, les arts, l'industrie, l'agriculture et le bien-être qui en résultent; mais lorsque ce pays est favorisé comme la Régence par de grands avantages de sol et de climat, par le voisinage de nations civilisées dont les populations actives, entreprenantes et aventureuses sont avides de multiplier les voies commerciales; lorsque, derrière ce pays, se présente tout un continent que l'Europe a bien essayé d'aborder, mais où jamais elle n'a encore tenté sérieusement d'introduire la civilisation; lorsqu'on ne se laissera préoccuper qu'à titre d'épreuves par toutes les belles spéculations des autres points de l'Afrique, depuis nos modestes possessions du Sénégal jusqu'aux magnifiques et ruineux projets de l'Égypte et aux rêveries des sources du Niger, il est permis d'espérer qu'à l'aide d'un système exempt de passions et de préjugés on parviendra promptement, sinon subitement, à réaliser une occupation avantageuse. Autrefois on s'expatriait pour aller chercher des terres à cultiver, on s'inquiétait peu du reste ; il nous faut aujourd'hui quelque chose de plus que des produits agricoles ; une simple colonisation ne suffirait plus, il faut satisfaire à une foule de besoins matériels et moraux nés de l'excès de la civilisation ; il faut consulter les intérêts politiques, sociaux, industriels et commerciaux ; il faut enfin respecter, à l'égard des vaincus, les lois de la justice et de l'humanité, et créer un ordre de choses digne de la France et du siècle où nous vivons.

On ne demande donc pas une colonisation agricole pure et simple, ou une colonisation par la force des armes, qui tende à dépouiller avec violence le légitime propriétaire du sol, pour lui substituer quelques rares colons que nous obtiendrions de notre démoralisation européenne ; celle-là serait absurde et inhumaine.

Il ne peut non plus entrer dans l'esprit de personne de couvrir de nos soldats une surface de 200 lieues de long sur 50 de large dans un pays nu, qui n'offre pas, comme en Europe, toutes les ressources indispensables à une armée, d'entretenir un soldat derrière chaque laboureur, comme l'exigerait une occupation basée uniquement sur la force ; cette idée serait ridicule. C'est une colonisation morale que je veux, si je puis m'exprimer ainsi ; je veux qu'elle s'appuie sur la force, il est vrai, car, dans ce pays, l'absence de la force est une cause de mépris et de destruction ; mais c'est plutôt dans le but d'inspirer la crainte et le respect, et par suite la confiance, que pour imposer au pays la tyrannie du sabre. Nous devons au contraire chercher à persuader aux indigènes que nous voulons la paix, mais qu'en même temps nous sommes prêts à la guerre. Nous devons leur offrir un gouvernement meilleur que celui des Turcs ; et si, au contraire, vous vous imposiez à la Régence avec une intention manifeste de destruction, vous seriez continuellement en présence d'une nation exaspérée, qui, naturellement indomptable, avait pu plier la tête sous le joug de ses coréligionnaires, mais qui n'éprouverait pour des chrétiens qu'un sentiment fanatique de haine et d'horreur.

C'est au milieu des naturels qu'il faut planter son drapeau; et quand je dis *au milieu*, qu'on le remarque bien, ce n'est pas sur tous les points de la Régence à la fois, je le répète, mais dans une enceinte suffisant seulement à l'établissement des bases d'une occupation permanente et influente. C'est là qu'un contact journalier, que des relations loyales et réciproquement avantageuses feront apprécier les bienfaits de votre civilisation; et si les indigènes ne se laissent pas atteindre par elle autant que vous le désireriez dans un intérêt philanthropique, ils entreront néanmoins insensiblement, et sans s'en douter, dans le mouvement de production et de consommation qui doit donner la vie à la colonie, et il n'est pas nécessaire de rien demander de plus.

J'ajouterai que, près des lieux où vous aurez des intérêts indigènes ou nationaux à protéger, près de l'ennemi sur lequel vous auriez à venger efficacement une injure, vous en éprouverez rarement la nécessité, car il y a beaucoup de sagacité chez ces peuples; ils comprendront la force de votre position et ne s'exposeront pas aux rigoureuses conséquences d'une hostilité déraisonnable.

C'est alors que, devenus forts, vous cesserez d'être violens et cruels; que vous serez modérés, humains, tout ce que vous voudrez; que vous protégerez toujours et ne frapperez peut-être jamais. C'est alors que votre politique sera puissante, et que, plus active que vos baïonnettes, elle sera aussi plus féconde en résultats utiles; c'est alors que votre colonisation européenne pourra se développer à l'aise, parce que la terreur aura disparu.

On observe que les Bédouins n'ont pas été séduits jusqu'à présent par l'aspect du bien-être réservé aux sociétés agricoles et commerciales; que le contact de l'Égypte, de la Syrie, de la Russie est encore sans résultat pour eux; mais il semble qu'on ne peut présenter comme une existence bien séduisante, à ces peuples dont l'indépendance fait tout le bonheur, celle de pays courbés sous le joug de la misère et de l'absolutisme le plus complet.

On a parlé de diviser pour régner; erreur! c'est là du gouvernement à l'orientale, qui dessèche le sol partout où il passe.

Ce n'est pas la vaine gloire d'une domination stérile sur de vastes contrées muettes et dépeuplées que la France ambitionne; elle veut au contraire y multiplier les populations, elle veut y appeler la civilisation et l'industrie. En fomentant la division chez les naturels, vous régneriez sans doute, parce que vous auriez mieux fait que de les désunir, vous les auriez détruits; et tant que vous précipiteriez les tribus les unes sur les autres, vous organiseriez la barbarie et la destruction; mais il n'en sortirait jamais ni civilisation, ni industrie, ni aucun avantage réel.

C'est au contraire l'union et l'harmonie qu'il faut encourager chez ces peuples, et si vous craignez de ne pas réussir de cette manière, retirez-vous, car c'est du sang qu'il faudrait alors, et je ne veux pas de colonisation à ce prix.

En réunissant ces populations, l'activité qu'elles montrent à guerroyer prendra une autre direction; elles deviendront peut-être productives; elles aiment déjà le commerce, elles s'y livreront davantage, et de là des richesses pour la colonie.

Quelques personnes effrayées pour nos finances, effrayées d'une occupation dont les avant-postes perdraient de vue les remparts des forteresses, ont encore établi des nuances dans ce système d'occupation, et l'ont divisée en occupation qu'ils prétendent étendue et gigantesque, et en occupation restreinte et raisonnable : la première consistant à s'établir au pied de l'Atlas, la deuxième se contentant du vol du chapon. Moi j'applique à la première la qualification d'occupation progressive, profitable, et offrant de l'avenir au pays; et à la deuxième, celle d'occupation rétrograde, inutile et ruineuse.

Avec l'occupation restreinte vous n'aurez pas même la ressource d'étendre des alliances dans le pays ; car pourquoi les naturels s'allieraient-ils avec vous? vous serez trop heureux qu'ils viennent à vos marchés ; et quant à eux, vous ne pourriez les protéger, car vous serez trop loin d'eux, et vous aurez été obligés de renoncer à tous les moyens d'atteindre un ennemi ; par la même raison vous ne pourriez punir ceux qui auraient manqué à leur foi ; ce serait donc toujours honte, mépris et inutilité.

En vérité, lorsque, par comparaison avec le système d'occupation restreinte, on parle des vues gigantesques des partisans d'une occupation progressive qui commencerait par s'établir au pied de l'Atlas, à Coléha, Belida, El-Cadra, qui ne sont, dans le pays qui a douze mille lieues carrées, qu'à cinq ou six lieues plus loin que la ligne de cette occupation restreinte limitée au massif d'Alger, il est difficile que cela ne paraisse pas de l'exagération ou de la préoccupation, surtout si l'on considère que cette occupation restreinte coûtera plus d'argent et de soldats que l'occupation étendue ; que par l'effet d'un fâcheux hasard les parties marécageuses de la Métidja sont précisément celles qui se rapprochent le plus du massif; que les exhalaisons entretenues par le non assainissement vous empêcheraient par conséquent d'occuper l'extrémité du rayon de cette enceinte, et qu'alors cette occupation ne vous offrirait pour le présent que la possession d'une quinzaine de lieues carrées, et pour l'avenir que la famine et la retraite ; que d'un autre côté l'occupation portée à quelques lieues plus loin ne nécessitera que de simples dispositions militaires beaucoup moins compliquées que les premières, qu'elle placera vos forces dans des positions saines, qu'elle vous permettra de commander en maîtres à une enceinte de cent cinquante ou deux cents lieues carrées équivalante à un bon département de France, et tellement bien dessinée que du fort de l'Empereur on en aperçoit tous les points, et qu'enfin, ayant acquis ainsi une consistance respectable, elle vous fournira les moyens d'étendre votre influence politique.

Toutes les considérations stratégiques sont également d'accord pour l'occupation étendue.

Il est bien reconnu en stratégie que celui des deux partis qui sait choisir son terrain, de telle sorte que tous ses mouvemens soient libres et que ceux de son adversaire soient embarrassés, est nécessairement dans la position la meilleure; car les opérations de guerre étant plus promptes sont plus efficaces, les approvisionnemens sont moins compromis, les fatigues moins grandes, les surprises moins faciles. Cet avantage se fait d'autant mieux sentir que l'on est bien pourvu d'artillerie et qu'elle manque à l'ennemi ; en plaine son agilité multiplie ses forces, elle est au contraire paralysée au milieu d'accidens de terrain trop fortement prononcés. On peut faire en Afrique une application complète de ces principes.

En prenant pour exemple la circonscription d'Alger, vous vous trouveriez sur le massif au milieu de nombreuses difficultés du sol qui gêneraient vos manœuvres ; vous seriez obligés de multiplier vos points d'occupation, pour éviter les surprises d'un ennemi si habile à se receler, et vous lui auriez laissé la libre possession de la plaine de Métidja pour faire toutes ses dispositions, préparer toutes ses attaques sans le moindre embarras, n'ayant que le soin de choisir le point où il voudrait frapper, car il pourrait les aborder tous avec la même facilité. Les tribus de la plaine n'étant pas protégées par vous seraient contre vous, c'est la règle dans ce pays. Vous auriez enfin, dans votre préoccupation craintive, livré de gaîté de cœur tous les avantages à vos ennemis et conservé pour vous-mêmes tous les inconvéniens.

Si, au contraire, vous portez votre occupation au-delà des plaines, soit à Alger, soit ailleurs, les rôles seront changés; c'est à votre ennemi que vous aurez imposé les difficultés que vous aurez évitées. Derrière vous, un espace immense où votre tactique pourra se développer à l'aise, où votre artillerie triplera vos forces, où de nombreuses tribus, alors protégées, comprendront tout l'avantage de votre voisinage, et loin de se montrer hostiles défendront avec vous le sol qui, de cette manière, ne sera plus exposé aux déprédations journalières des tribus plus éloignées [1]. Devant vous une ligne de fortifications naturelles et formidables (l'Atlas), les dispositions d'attaque concentrées pour les naturels dans un terrain bien autrement difficile que celui du massif d'Alger, de rares issues dont vous serez maîtres avec peu de troupes, moins d'ennemis à combattre, puisqu'une partie sera nécessairement dans le cercle de vos alliances obligées, la tactique européenne avec toute sa supériorité en présence de celle des naturels privée de sa principale force, la surprise et l'agilité; les ressources immenses des plaines entre vos mains, l'ennemi réduit à ses montagnes arides; l'influence morale acquise pour vous par un acte de vigueur, et détruite chez vos adversaires par la même cause : tel est le système réel,

---

(1) Il y a dans la Métidja dix-neuf tribus, parmi lesquelles trois sont très puissantes et doivent être comprimées : les Hadjoutes, les Bénimoussa et les Krschna. Les Hadjoutes seuls sont en état déclaré d'hostilité : les autres sont incertains.

A Bone, il y en a deux sous les murs de la place, et plusieurs autres dans le rayon de notre influence; elles vivent en paix avec nous et nous accompagnent dans nos expéditions.

positif et inévitable, que la saine raison vous commande d'adopter si vous voulez conserver la Régence.

Il est vrai qu'on vous propose de dire aux colons : Venez, cultivez devant nous, et nous vous protégerons; mais c'est ce que l'on a fait jusqu'à présent, et il ne paraît pas que des colons aient été bien touchés de cet avantage, bien empressés de venir vouer leurs bras désarmés, non à la culture des terres ou à des entreprises industrielles, mais à une défense personnelle. Les positions seraient dénaturées, ce ne serait plus la force militante qui couvrirait la colonisation, ce serait la colonisation qui protégerait l'armée; étrange idée qui ne peut abuser personne!

C'est l'application de ce système qui a repoussé les colons jusqu'à présent, et l'on s'étonne qu'ils n'arrivent pas en foule! Mais que viendraient-ils faire dans la Régence, si l'occupation ne leur offre aucune protection efficace?

La colonie ne produit rien, dit-on, et l'on conclut à l'abandon. Il faut convenir que cet argument est bien malheureusement choisi. Comment! c'est au moment où nous avons détruit partout la culture et le commerce que nous venons demander au pays ce qu'il produit! Nous établissons nos calculs sur l'état de destruction et non sur celui de la production. On n'a rien fait pour, on a tout fait contre la colonisation, il ne faut donc s'attendre à rien d'avantageux. C'est précisément parce qu'avec tous les élémens de prospérité, l'occupation a été onéreuse et languissante, qu'il faut en changer le système; c'est précisément pour arriver à quelque chose de réel que nous conseillons d'adopter des mesures effectives.

Doit-on dire que la propriété est une charge dont il faut nécessairement s'affranchir, parce qu'elle est improductive entre les mains d'un propriétaire indolent ou inactif? Ou bien ne doit-on pas plutôt chercher à obtenir par un travail judicieux le revenu dont elle est susceptible?

La colonisation ne réussira pas, dit-on encore, parce que le système colonial est usé; mais il ne s'agit pas de l'appliquer à Alger et de recommencer une chose que l'expérience a condamnée; il ne s'agit pas d'admettre l'esclavage, par exemple. Ce sont vos institutions européennes dégagées de leurs abus que vous devez approprier à ce pays neuf; vous n'en avez pas encore fait l'épreuve; vous ne savez donc pas quel en sera l'effet.

Il existe de bons esprits dont l'absolutisme est complet sur certaines choses, qui reculent toujours devant les entreprises nouvelles et comparent invariablement le présent au passé, l'avenir au présent, sans faire la part de la différence des lieux, des temps et des circonstances. La question d'Alger, si chaudement controversée, en est une preuve.

Si l'on ne peut garantir qu'un meilleur système aurait suffi pour aplanir tous les obstacles, on peut au moins affirmer qu'il en aurait détruit le plus grand nombre, et je ne demande pour preuve que la persévérance des colons actuels, malgré tout ce qui s'est opposé à leurs succès. Il existe à cet égard une force de choses qui domine toutes les pauvres combinaisons de l'esprit humain.

Qui veut la fin veut les moyens, assure-t-on ordinairement, et les partisans de l'occupation restreinte sont sans doute disposés à subir les sacrifices imposés par leur système; il n'en est rien; ils ne veulent pas la fin, ils ne veulent pas de colonisation, ni même d'occupation; ils n'adoptent ce système que comme un pis-aller, en désespoir de cause, et comme un moyen probable d'évacuation, car ils vous disent ensuite : Au premier coup de canon tiré en Europe, l'occupation tombera d'elle-même. Pourquoi donc alors continuer l'occupation? C'est en vérité une voie détournée d'évacuation qui serait par trop onéreuse à la France; car, dût-on ne consacrer que 12 millions, que 10, que 6 même à cette occupation, en rapetissant ces grandes idées de conquête d'un royaume aux étroites limites d'une simple expédition militaire, ce serait toujours 6, 10 ou 12 millions par an jetés au vent sans intérêt, sans avenir, 3 ou 400 millions par génération, et cela sans qu'il y ait de limites possibles à cet énorme sacrifice, puisque l'état de choses de la veille sera constamment celui du lendemain. Avec l'occupation étendue, au contraire, les charges annuelles diminueront progressivement, elles cesseront entièrement plus tard, et dans un temps plus ou moins rapproché la production aura pris la place de la dépense. Ainsi, en supposant que la colonisation progressive doive coûter 26 millions par an (et elle ne coûtera pas davantage), il arrivera un jour où elle se suffira à elle-même, c'est-à-dire qu'elle produira 26 millions; mais avant d'avoir obtenu ce résultat, elle aura produit successivement 1, 10, 20, 26 millions, ou l'un dans l'autre 13 millions par an qui seront venus en décharge. Mettez alors que vingt années soient nécessaires pour arriver à ce point, vous aurez dépensé 520 millions, vous en aurez reçu 260, restera donc 260 millions une fois payés, lesquels seront encore rapidement compensés par l'amélioration régulière des revenus publics et par les avantages résultant indirectement du commerce. Que l'on compare ce résultat avec celui que je viens de présenter pour l'occupation restreinte, et que l'on juge.

Il semble donc qu'il serait beaucoup mieux de demander hardiment l'évacuation immédiate pure et simple. On ne se joue pas avec une dépense de tant de millions sans but possible, ou plutôt en établissant comme but probable la honte d'une retraite. Si l'on craint de dépenser ce qui serait rigoureusement nécessaire pour fonder une colonisation à avenir, il vaut beaucoup mieux ne rien dépenser du tout, le moindre sacrifice serait encore trop grand; gardons-nous de ces moyens-termes qui ne conduisent à aucun résultat positif: *tout ou rien*, telle doit être la solution. Je ne suis plus, comme on voit, du juste-milieu.

Quelques personnes conviennent que, si nous étions assez forts, notre occupation serait avantageuse sous le point de vue politique, par l'influence qu'elle pourrait exercer en temps de guerre; or, en temps de paix une occupation restreinte pourrait bien avoir quelque apparence de force; mais c'est précisément au moment de la guerre, au moment où cette force serait nécessaire qu'elle faillirait, car les naturels vous bloqueraient probablement à l'intérieur, et la mer vous serait peut-être hostile à l'extérieur. Tout pourrait donc vous manquer à la fois, et la terre et la mer. L'occupation, pour être efficace, doit se suffire à elle-même; elle doit puiser sa vie dans le pays; la restriction la lui refuse, une enceinte étendue la lui donne. A l'abri de l'occupation étendue, les populations et l'agriculture se développeront, et leurs productions vous rendront indépendans du dehors. Enfermés dans un cercle étroit vous serez improductifs, et les ressources indigènes ou européennes devront vous alimenter. La guerre peut fermer ces deux voies, et alors que deviendrez-vous?

Sous le rapport politique, on voit donc que l'occupation restreinte serait non-seulement inutile, mais nuisible aux intérêts de la métropole, car elle aurait eu cet inconvénient de dépenser sans but vos trésors pendant la paix, et de vous donner un point de plus à protéger pendant la guerre.

S'il fallait citer des exemples à l'appui de ce que je viens d'avancer, ils ne me manqueraient certes pas, voire même en Afrique. Oran, Bougie et la Calle ont été abandonnés par les Espagnols, les Génois et nous-mêmes, parce que la possession de ces divers points ne reposait sur aucune base solide dans le pays [1]. Il est bien certain que les Anglais

---

(1) Bougie a été abandonné par les Génois, en 1744.
Oran l'a été par les Espagnols, en 1788.
La Calle a été incendiée par les Kabaïles en 1827.

ne seraient plus depuis long-temps à Gibraltar s'ils n'avaient pas été maîtres de la mer. On a dit quelque part que Dantzick, Riga, Thorn avaient été fondés dans les temps modernes sur un territoire qui, comme celui de Rome et de Carthage, autrefois était très circonscrit, et que cependant elles étaient devenues de puissantes cités. Cela est vrai, mais qu'est-il arrivé? Dantzick, Thorn et Riga ont été engloutis par les puissances avec lesquelles elles étaient en contact. Rome et Carthage ont été obligées, pour se soutraire à l'envahissement, d'envahir elles-mêmes leurs voisins et de les soumettre à leur domination. Or, je ne pense pas que ce soit la civilisation qui doive en Afrique se convertir à grands frais à la barbarie, mais bien la barbarie à la civilisation. Nous sommes donc forcés de nous étendre; mais c'est à la douceur de nos mœurs à substituer des moyens pacifiques aux moyens violens des Romains et des Carthaginois.

Si donc nous pouvions compter d'une manière absolue sur les ressources locales, que craindrions-nous d'une attaque extérieure? Rien ou presque rien, lors même que nous n'augmenterions pas nos moyens de défense; et alors nous pourrions utiliser politiquement notre position en raison de l'importance que nous lui aurions donnée. Nous ne craindrions rien, car cette côte est inabordable. Il nous a fallu le voisinage de la France, 85,000 hommes de troupes, 28,000 marins, 50 millions, un mois d'efforts, une faveur marquée de la Providence, le petit nombre et la stupide confiance de nos ennemis pour réussir. La moindre résistance, le moindre retard, et nous étions livrés à toutes les chances de mer si terribles dans ces parages, nous succombions, ou nous nous retirions honteusement.

Il faudrait à une autre puissance, à celle qui est la plus favorisée, une armée de 60,000 hommes, deux fois plus de moyens de mer et 150 millions; il lui faudrait une réunion de circonstances favorables qui jusqu'à 1830 ont manqué à tout le monde, il lui faudrait enchaîner les élémens, et de plus combattre une résistance européenne.

Or, il est à présumer qu'une opération de ce genre ne serait pas légèrement entreprise et sans des motifs d'une nature tellement grave qu'ils ne se présenteront peut-être jamais. Une puissance européenne établie dans la Régence ne pourrait être détruite par la conquête; il n'y a que des traités, basés sur d'autres intérêts, qui puissent changer les maîtres d'un pareil pays.

J'ai dit que l'occupation restreinte serait plus coûteuse et moins avantageuse que l'autre, et je le prouve.

Le système d'occupation développée embrassant dans son enceinte un plus grand nombre de tribus, la nécessité d'employer vos moyens d'Europe diminuera en raison de l'augmentation du cercle de votre influence. Vous aurez moins d'ennemis à combattre et plus d'alliés intéressés à votre défense; vous pourrez alors diminuer successivement le nombre des troupes d'occupation au fur et à mesure que vous avancerez, et les remplacer en partie par des indigènes réguliers, qui vous coûteront moins que vos troupes nationales, et en plus grande partie par les contingens que le pays devra fournir dans des cas donnés, et qui ne coûteront rien ou presque rien. Ces moyens de force seront moins désagréables aux naturels et tout aussi efficaces que ceux d'Europe; les Anglais s'en sont bien trouvés dans l'Inde, et les Turcs en les employant gouvernaient toute la Régence avec 6,000 hommes seulement.

Mais on va plus loin, et s'il est évident que la diminution progressive des frais d'occupation soit une conséquence naturelle de son développement, il n'est pas moins évident que non-seulement la force numérique de l'armée ne sera pas plus considérable dès le point de départ pour l'occupation étendue que pour l'occupation restreinte, mais qu'elle le sera moins. Et en effet, quelle est la nature de cette occupation étendue? S'agit-il de provinces entières de quelques centaines de lieues sur cet immense continent d'Afrique? Non, il suffit d'augmenter seulement le rayon de cinq ou six lieues pour créer un centre d'action efficace, pour avoir une puissance souveraine et réelle dans le pays ; et la nature a tellement disposé les localités que, sur tous les points où notre domination s'est établie, il faut un plus grand nombre de postes militaires pour occuper une enceinte étroite que pour garder et défendre les circonscriptions indiquées par les partisans de l'occupation étendue. C'est une question de fait que toutes les spécialités militaires reconnaîtront avec moi.

L'occupation restreinte exigerait 15 à 18,000 hommes pour la circonscription d'Alger seulement ; car l'audace de l'ennemi augmenterait en raison de la crainte que vous montreriez ; vous ne feriez du reste que ce que vous faites aujourd'hui, et notre position actuelle dans le pays n'est pas faite, il faut en convenir, pour recommander ce système, puisque, avec cette masse de forces ainsi entassées, il vous faut une escorte pour aller en sûreté à deux ou trois lieues.

On voudrait, à la vérité, les réduire de près de moitié, et l'on espère peut-être que les avantages seront doublés ; on affirme au moins qu'alors la position sera meilleure, ce qui exige une démonstration difficile.

Malheureusement, la pratique est là pour combattre victorieusement les plus belles théories de ce genre ; on peut occuper en maîtres l'enceinte étendue avec 12 ou 15,000 hommes, et, dans ce moment, vous vous soutenez péniblement à quelques portées de canon avec 3,000 hommes de plus, autrement dit, avec 2,400,000 fr. de dépense de plus.

On doit en outre ajouter que, plus on restreindra le cercle d'occupation, moins on trouvera de ressources sur les lieux, plus les dépenses de votre marine seront considérables, puisqu'elle sera dans la nécessité de vous apporter d'Europe tout ce que l'incertitude de vos relations dans le pays ne vous permettra pas d'attendre des indigènes. De plus, les approvisionnemens que vous tirez de France et d'Italie vous coûtent excessivement cher. En général, vous dépensez pour les troupes, en Afrique, un cinquième de plus qu'en France ; cette différence disparaîtra, en grande partie, avec l'occupation étendue, qui nous permettra de prendre tous les approvisionnemens sur place.

Ainsi 18,000 hommes, au lieu de coûter 15 millions, n'en coûteront plus que 12 ; et si, au lieu de 18,000 hommes que vous entretenez à Alger, vous n'en employez que 15, vous dépenserez 10 millions au lieu de 15 que vous dépensez aujourd'hui. C'est ainsi que vous préparerez, que vous assurerez même un avenir progressif et une dépense décroissante, tandis qu'avec l'occupation restreinte vous n'aurez pas même l'espérance d'une amélioration, mais seulement la certitude d'une dépense plus considérable et permanente.

L'occupation étendue exigera 28,000 hommes, y compris les non-valeurs, dont 15,000 à Alger, 4,700 à Oran, 5,300 à Bone et 3,000 à Bougie ; à 800,000 fr. par mille hommes, compensation faite de la proportion des diverses armes et des états-majors-généraux. 22,400,000

Dépréciation et consommation des objets pris dans les magasins de France, pour l'entretien de ces forces. 800,000

Objets de grande consommation, tels que poudres, projectiles, fers, bois, etc. 1,000,000

Dépense de la marine. 2,500,000

Supplément des disciplinaires et condamnés à l'état obligé de France (2,500 hommes environ). 500,000

Grands et petits travaux de toutes natures, y compris ceux pour l'établissement au pied de

A reporter. 27,200,000

Report.	27,200,000
l'Atlas, 3,594,000 par an, pendant six ans seulement.	3,594,000
Première mise des 20,000 h^{mes}, 1,960,000 fr., dont un septième.	280,000
Ministère des finances.	100,000
Id. de la justice.	100,000
Fonctionnaires civils, y compris le gouverneur, dépenses imprévues, etc.	1,000,000
Total. . . .	32,274,000

Pour apprécier maintenant la dépense réelle de l'occupation, il faut déduire de cette somme tout ce qui ne pourrait être supprimé dans le cas où l'on abandonnerait Alger, et, de plus, le revenu public du pays, c'est-à-dire :

1° Une partie de la solde des 6,000 hommes de la légion étrangère qu'on ne peut employer en France, et dont on ne peut entièrement supprimer le traitement[1].	1,800,000
2° Les cadres de l'armée qu'on retirerait d'Afrique.	1,000,000
3° Le revenu public actuel.	1,800,000
4° Les dépenses de marine, qu'il faudrait nécessairement faire pour la surveillance des côtes, quand même nous ne serions pas en Afrique. .	1,000,000
Total. . . .	5,600,000

Il restera par conséquent une dépense nette de 26,644,000.

Sur laquelle une nouvelle réduction évidente de 3,549,000 f. sera opérée pour les travaux dans six ans, et par suite celle des ouvriers du génie.

---

[1] On les rétablirait peut-être dans la position où ils étaient en France comme réfugiés, et alors ils recevraient le subside ordinaire.

Si l'on substitue progressivement les milices du pays aux troupes nationales, si le revenu public s'améliore, comme on ne peut en douter, on voit avec quelle rapidité nous descendrons d'une dépense de 32 millions à une de 15 peut-être, et bientôt ensuite à une dépense insignifiante.

Il faut aussi tenir compte de l'amélioration de sept millions déjà opérée dans les douanes de France par suite de notre occupation et de toute celle qui aura nécessairement lieu progressivement.

Dans l'état actuel des choses la Régence d'Alger nous coûte plus de 30 millions par an, sans qu'il y ait aucune espérance d'amélioration : on voit donc qu'il est urgent de changer de système.

J'ai parlé au commencement de ce discours de la cession à des princes tunisiens ou maroquins, moyennant certaines conditions de dépendance, et j'ai dit que je reviendrais sur ce point ; c'est ici le cas de traiter cette question.

Un excellent moyen de diminuer le fardeau de l'occupation serait, sans contredit, de se décharger d'une partie de l'exercice de notre souveraineté sur des chefs indigènes. La première idée en est due à M. le maréchal Clausel ; elle est bonne en soi ; mais il paraît que les circonstances sous l'empire desquelles l'application en a été tentée nous forçaient à n'être pas difficiles sur le résultat ; qu'un avantage, quelque faible qu'il fût, ne devait pas être dédaigné par nous, et que cette combinaison n'était pas destinée à répondre aux espérances qu'elle avait d'abord fait concevoir dans le public. Ce qui pouvait être bien alors ne le serait plus aujourd'hui.

Le bey de Tunis et le schérif de Maroc sont plutôt des concurrens au trône algérien que des alliés sincères de la France, des princes disposés à son vasselage ; or, il est douteux que, malgré toutes les précautions diplomatiques possibles, s'il était question de traiter avec eux pour le gouvernement de quelques portions de la Régence, il est douteux qu'ils n'eussent pas l'arrière-pensée, sinon l'intention ostensiblement avouée, de se considérer comme cessionnaires absolus, sous des conditions déterminées il est vrai, mais très faciles à éluder. Tout le monde le pense, et il serait extraordinaire que l'idée n'en vînt pas précisément à ceux qu'elle intéresserait le plus. Quelle peut être d'ailleurs la solidité des liens qui unissent les diverses parties d'un empire, lorsqu'elles sont livrées à des espèces de fermiers-généraux qui les exploitent chacun à sa façon.

Quelle pourrait être l'influence de la France dans le pays dont elle prétend être souveraine, et où chaque petit gouverneur aurait un pouvoir législatif et exécutif absolu; où la nationalité française n'existerait pas; où nous ne jouirions d'un petit nombre de droits civils et commerciaux qu'en les arrachant, par un traité éphémère, au fanatisme barbare des indigènes, comme nous le ferions chez le pacha d'Egypte; où le souverain de fait le serait bientôt de droit et ne considérerait plus la présence d'un Français que comme une tolérance accidentelle, et non comme l'exercice de la suzeraineté d'une métropole; où la redevance annuelle perdrait bientôt le caractère d'un impôt régulier pour n'être plus à ses yeux qu'un simple tribut dont on s'affranchit quand on en a la force, et dont on s'est toujours affranchi chez tous les peuples! Et d'ailleurs quels moyens coërcitifs auriez-vous d'assurer l'exécution d'un traité de ce genre? aucun de raisonnable. Vous n'iriez certainement pas dépenser 15 ou 20 millions à une expédition sur Constantine, par exemple, dans le but unique de faire acquitter le tribut d'un seul million; il faut bien reconnaître que, du jour où nous aurions consenti une pareille combinaison, nous aurions abdiqué la puissance souveraine pour n'être plus que des alliés, dont on se défierait plus que de tout autre. Elle n'a donc pu être dans le temps qu'un pis-aller, faute de mieux, commandé par les circonstances.

De plus, est-il bien moral pour une nation civilisée d'affermer des populations et de les livrer à une exploitation par coupes réglées? Car dans le pays point d'administration paternelle qui encourage la production, qui protége l'industrie, qui agit régulièrement et prévoit l'avenir ; le présent est tout, et le gouvernement qui a le plus de talent et de gloire est celui qui sait le mieux détruire, qui sait le mieux arracher l'or des mains de celui qui le possède. La possession est presque un crime aux yeux du chef. La vie des hommes n'est rien ; c'est avec une armée qu'on perçoit les impôts ; on égorge annuellement les populations pour les piller, c'est le droit naturel ; mais avec ce système on crée des déserts ; c'est ce qui existe en Turquie, en Asie-Mineure, en Egypte, etc.

Il faut que la France place de l'avenir dans tous les actes de son occupation, il faut qu'elle puisse introduire tous les avantages de la civilisation dans sa conquête, qu'elle puisse se dire qu'à une époque plus ou moins avancée elle aura par un système progressif créé une nation utile aux peuples civilisés ; autrement, à quoi bon dépenser tant de millions sur les points dont nous nous réserverions l'occupation immédiate ; à quoi bon tous les grands projets si nous devions être entourés, resserrés, étouffés par ce système de gouvernement qui tarit toutes les sources de prospérité et fait insensiblement disparaître les populations? Que signifierait le droit contesté de la France sur deux ou trois provinces éventuellement grevées d'un tribut de quelques cent mille piastres? Une pareille transaction effacerait notre puissance et détruirait à jamais toutes les chances d'avenir sans nous indemniser des sacrifices d'une occupation destinée à perpétuer un tel état de choses.

On peut donner des chefs indigènes à tous les points du

pays que nous ne voulons pas occuper nous-mêmes, mais seulement comme nous donnons des administrateurs à nos départemens, et il faut bien se garder surtout de créer des princes ayant le caractère de la souveraineté et de les prendre à la cour de Maroc et de Tunis.

Je m'arrête enfin, Messieurs, bien qu'il y ait encore beaucoup de choses à dire sur cette grande question, et je résume ainsi mon opinion :

L'occupation d'Alger est une mesure fâcheuse, mais elle est pour nous une nécessité absolue qu'il faut subir et dont il faut tirer le meilleur parti possible.

Le système progressif serait momentanément le plus onéreux, mais il est le seul qui offre une compensation dans l'avenir.

Le système restreint, moins coûteux en apparence, le serait bien davantage en réalité, puisqu'il ne présenterait aucune compensation, et n'aurait d'autre perspective qu'une dépense permanente sans utilité et l'évacuation pour résultat final.

Si donc vous agissez sagement, vous ferez tous les sacrifices rigoureusement nécessaires pour rendre l'avenir de la colonie profitable.

Cet avenir reposera aussi sur l'habileté du chef appelé à le préparer, sur sa loyauté, sa justice, son désintéressement et sa persévérance.

Vous armerez ce chef d'institutions appropriées aux lieux et aux hommes, de pouvoirs très étendus [1]; le temps et la Providence feront ensuite le reste.

---

(1) Cette décision est du reste celle de la grande commission d'Afrique, prise à la majorité de dix voix contre neuf; mais il est bon de remarquer que la partie de cette commission qui est allée sur les lieux s'est prononcée sur ce point à une majorité de sept voix contre une, et que ce n'est que parmi les membres qui n'ont pas vu les choses de près que s'est recrutée la minorité composée d'un seul opposant dans le principe.

www.ingramcontent.com/pod-product-compliance
Lightning Source LLC
Chambersburg PA
CBHW070648170426
43200CB00010B/2166